Sonja A. Buholzer Meier

Frauenzeit

Sonja A. Buholzer Meier

Frauenzeit

Erfolgsstrategien für Gewinnerinnen

orell füssli Verlag AG

Für weitere Informationen, Seminare und Coachings steht die Autorin unter folgender Adresse zur Verfügung:
Dr. Sonja A. Buholzer Meier
VESTALIA VISION
Wirtschafts- und Unternehmensberatung
Hottinger Str. 28
8032 Zürich
Telefon: ++41 (0)1 267 85 80
Telefax: ++41 (0)1 267 85 81
E-Mail: vestalia @ bluewin.ch
Internet: http://www.vestalia.ch

2. Auflage 2000

© 1999 Orell Füssli Verlag AG, Zürich
Alle Rechte vorbehalten
Umschlagabbildung: black + white, Mugger Marti, Zürich
Druck und Bindearbeiten: Freiburger Graphische Betriebe, Freiburg i. Brsg.
Printed in Germany

ISBN 3-280-02630-X

———

Die Deutsche Bibliothek – CIP-Einheitsaufnahme

Buholzer Meier, Sonja A.:
Frauenzeit / Sonja A. Buholzer Meier. - Zürich :
Orell Füssli, 1999
ISBN 3-280-02630-X

Inhaltsverzeichnis

Dieses Buch widme ich zuerst meinen Eltern.
Sie haben mir in wundervoller Weise das Kapital geschenkt, immer an mich zu glauben. Und die zauberhafte Qualität von Liebe, Wachstum und Wärme.

Und dieses Buch widme ich allen Frauen dieser Welt,
die ihr Leben stets von Neuem träumen.

Um dann –
ihre Träume unbescheiden zu leben.

Vorwort

Dieses Buch gehört allen Gewinnerinnen dieser Welt. Und allen, die es noch mehr werden wollen. In diesem Buch finden Sie Gewinnerinnen-Strategien, die keine Verlierer voraussetzen, dafür Räume für «win-win»-Ergebnisse schaffen. Sie haben erkannt, daß Sie allein für Ihren Erfolg, Ihr Glück und Ihr Sein, für alles, was Sie haben, tun und lassen, verantwortlich sind. Die Geheimnisse des Self-Coachings zu befolgen, wird Sie nicht nur in kurzer Zeit zu vielen zusätzlichen Erfolgserlebnissen führen, sondern es wird Ihnen auch Spaß machen, mit ihrer Wirksamkeit täglich zu experimentieren.

Sie warten nicht auf bessere Zeiten, Zufälle und mögliche Märchenprinzen. Sie stehen mitten im Leben, vielleicht mitten in einer turbulenten Veränderung und entdecken Ihre Schaffenskraft und Ihre umlimitierten Möglichkeiten. Sie schreiben das Drehbuch Ihres Lebens selbst, führen kreativ Regie und bestimmen auch gleich die Rollenbesetzung. Frech, frei und einfach anders!

Dies ist Ihr Handbuch für ein erfolgreiches Self-Coaching. Es ist Ihr Fitnessprogramm, um immer spannendere Erfolgskapitel mit inspirierenden und powervollen Seiten Ihres Lebens und Leistens zu schreiben. Dazu gehören auch die Power und die Beharrlichkeit, nach dem Hinfallen, nach Niederlagen und Mißerfolgen, siebenmal wieder aufzustehen; weil Sie wissen, daß auf jeden Erfolg Reifeprüfungen folgen, die Sie zu bestehen haben, und daß Sie mit jedem Mißerfolg näher an Ihrem Ziel sind. Sie werden mit Stolz den Staub vom Kleid schütteln und sich mit einem Glas Champagner für Ihren Mut und Durchhaltewillen belohnen, wohlwissend, daß Sie gerade gewachsen sind und mit diesem Quantensprung an persönlicher Reife und Stärke noch besser sind als je zuvor.

Dies ist ein Buch voller Über-Mut, es ist Ihr Wegbegleiter und kompromißloser täglicher Kompaß auf dem Weg zu Erfolg, Glück, finanzieller Unabhängigkeit und der Selbverständlichkeit, anders als Männer sein zu dürfen! Sie gehören zu den powervollen Frauen, die längst die alten Pfade von

Selbstblockaden, Opferdenken, Negativfärbungen und Schuldzuweisungen hinter sich gelassen haben. Vielmehr verspüren Sie Ihren Entdeckergeist, im Neuland des dritten Jahrtausends neue Wege in Denken, Handeln und Werten zu kreieren und zu gehen: lustvoll, ethisch, konsequent und unternehmerisch.

Sie gehen ein virtuoses «Joint Venture» ein von persönlichem und wirtschaftlichem Erfolg mit emotionaler Intelligenz, Verantwortungsgefühl, Ethik, geistiger Reifung und Respekt vor dem Leben. Welch spannendes Abenteuer liegt vor uns!

Diese Erfolgsstrategien geben Ihnen tatkräftige Schützenhilfe auf diesem ungemein herausfordernden Weg durch das zeitgenössische Leben und unsere Gesellschaft, die geprägt ist von digitaler Revolutionsstimmung, unsicherem virtuellem Sein, Globalisierung, Flexibilisierung und Deregulierung sämtlicher Lebensbereiche. Mitten in diesen aufgewühlten Lebens- und Marktbedingungen packen wir die Chance, die Wellen des Wandels so elegant zu meistern, daß nichts mehr unmöglich und das bisher Undenkbarste möglich ist. Sie haben sich entschieden, die Parameter unserer Zukunft mitzugestalten und dabei selbst erfolgreich zu sein.

All jenen Menschen, die dieses Buch bei mir bestellt haben, noch bevor es geschrieben war, danke ich herzlich. Sie gaben mir die sanften Sporen, es zu schreiben und den unsanften Druck, damit nicht länger zuzuwarten.

Ebenso danke ich den Hunderten von Frauen und Männern aus kleinen und großen Unternehmen im deutschsprachigen Europa, die mir in Seminaren, Workshops, Coachings und Projekten der Personalentwicklung vertrauensvoll ihre Gedanken, Ängste, Träume und Sorgen mitteilten. Sie alle kommen in diesem Buch vor und haben es indirekt mitgestaltet.

Ich wünsche Ihnen bei der Lektüre und den zahlreichen Power-Übungen viele sprühende Erfolgserlebnisse und kompromißloses Durchhaltevermögen!

Einleitung

Wirtschaft im Umbruch: Karriere im neuen Kontext

Globalisierung, gesellschaftliche Umwälzungen, Wertveränderungen und ein riesiges Vakuum an Lebenssinn haben uns zu nachdenklichen Menschen gemacht. Viele von uns werden geschüttelt von rasanten Lebensveränderungen, die Welt steht Kopf, und wir betrachten alles einst so Sichere von unten. Das gibt neue Perspektiven.

Der Beginn des dritten Millenniums steht auch im Zeichen der grundsätzlichen Restrukturierung unserer 2000jährigen Odyssee durch die Irrungen und Wirrungen der Geschlechterverständigung. Wir schreiten durch unsere Patchwork-Gesellschaft und staunen, wie schnell alles anders geworden ist. Frauen machen den Kaltstart in ihre unbedingte Autonomie und in den Traum der eigenen Karriere, sie gründen ihr eigenes Unternehmen, während Ehemänner unsanft vor dem Richter landen und bemerken, daß sie jäh verlassen wurden. Frauen spüren ihre Kraft, die Power ihrer Träume und verlassen den Hafen der Langeweile, weil sie ökonomisch unabhängig sind – erstmals in der Geschichte. Aus dem «Aufbruch» folgte der «Ausbruch», und wir stehen vor dem «Durchbruch». Dem Durchbruch nämlich, mit einem neuen Verständnis von Selbstverantwortung, innerer Stärke und dem Mut, für das eigene Leben selbst geradezustehen und das Leben nicht nur zu träumen, sondern die Träume zu leben. Dazu gehören Karriere, ein powervoller, «runder» Mann und Kinder. Dazu gehören Organisations- und Management-Fähigkeiten und das Power-Paket von Vertrauen in den richtigen Lauf der Dinge, Mütterlichkeit und Fürsorge, Durchsetzungskraft und das Streben nach Einfluß, finanzieller Unabhängigkeit und Abenteuerlust voller Leidenschaft und Lebenssaft.

Die Verwirrung der Männer ist groß, ebenso auch die Chance, an dieser von Lebensfreude getragenen Entwicklung teilzuhaben und ihr Mann-Sein ebenso lust- und kraftvoll, mutig und zielstrebig neu zu definieren. Männer, die dies erkannt haben und für ihre persönliche Entwicklung Einsatz leisten, werden eine reiche Ernte einfahren: Partnerinnen, ebenbürtig und stark, inspirierend und stärkend, anders in ihrem Frau-Sein und liebevoll das pflegend, was beide Geschlechter zum Power-Team macht: den gemeinsamen Nenner, auch wenn er noch so klein ist. Respekt wird sich durchsetzen und Gewinnerinnen und Gewinner gebären, die es nicht nötig haben, andere kleinzumachen, um selbst größer zu wirken. Auch das ist, im ganzheitlichen Lebenskontext betrachtet, Karriere. Keine Gewinnerin verkauft ihre Seele fürs Geschäft!

Karriere ist erstrebenswert, wenn sie im Kontext von sinn- und wertschaffenden Möglichkeiten steht. Wir gründen unsere eigenen Unternehmen, designen unsere Führungskulturen, wir kreieren neue Formen der Zusammenarbeit, und es bereitet uns höchste Freude, im Labor neuer Möglichkeiten auch Unmögliches möglich zu machen. Dies gilt auch für die Führung. Das mehr als mißverstandene Wort «Leadership» ist nichts anderes, kann nichts anderes bedeuten, als nach dem Prinzip «Take care and coach» alle Mitarbeiterinnen und Mitarbeiter für ein gemeinsames Ziel zu motivieren. Frauen und immer mehr auch männliche Führungskräfte denken um.

Es geht darum, die Spirale der Angst zu durchbrechen und diese kalte Welt mit verbindlichen Werten und Tausenden von Träumen neu zu wärmen. «Man hat uns das Entsetzen abgewöhnt», so lautet eine Überschrift in Eugen Drewermanns Buch «Zeiten der Liebe», und er schreibt weiter: «Vieles von unserer ursprünglichen Wahrheit hat man uns abgewöhnt auf dem langen Weg der Erziehung, der uns aus Kindern zu ‹Erwachsenen› gemacht hat. Man hat uns das Entsetzen abgewöhnt, das uns überfällt, wenn wir sehen, wie ein Tier gequält, eine Blume zerstört, ein Mensch geschunden wird. Man hat uns Gründe gelehrt, warum immer wieder sich die Schatten der Traurigkeit, des Schmerzes und der Wehmut über Menschenschicksale legen müssen, vermeintlich; (…) Und immer sind wir und haben wir fertig zu sein, und so machen wir jeden fertig, der noch nicht ‹fertig› genug ist.»[1]

Neue Wahrheiten, neue Standpunkte, neue Einsichten und Aussichten, neue Kräfte und Koalitionen sind entstanden. Noch hat das Neu-Design unserer Wahrheiten und Werte unscharfe Konturen. Doch mit jedem Tag wird Altes verabschiedet und powervolle Frauen und Männer gehen neue Wege; und dies in allen Lebensbereichen.

Ich sehe eine weibliche, aber keine ausschließlich weibliche Zukunft: Zu ihr gehören auch erwachsene, verantwortungsvolle und lernfähige Männer, auf die ich später ausführlich eingehen werde. Diese werden verhindern, daß wir Frauen nun am Ende einer ausgeprägten Mißwirtschaft von zwei Millennien eine globale Alleinsanierung durchzuführen hätten, weil sie jetzt beginnen, ihren Beitrag zu leisten. Wenn Faith Popcorn in ihrer Trendanalyse davon schreibt, daß «weibliches Denken eine unserer größten Ressourcen»[2] sei, so gilt es, nunmehr nicht nur «weiche Faktoren»[3], sondern vielmehr «weibliche Faktoren» unbescheiden und ohne weiter Zeit zu verlieren in diese Welt einzubringen.

Erfolg will gelernt sein.
Sie brauchen bei jedem Unterfangen Strategien für den Erfolg und Strategien gegen falsche Bescheidenheit, und zwar für Karriere wie Privatleben. Beides zusammen führt uns dahin, wovon wir träumen, was uns wärmt, Spaß macht und schließlich unserem Frauenleben die Erotik von Sinn und Lebensfreude in Kombination mit Power und lustvoller Karriere verleiht.
Frauen haben zum Höhenflug angesetzt. Der Himmel ist schon dicht bevölkert!

> *Ich war schon lange auf Erden, jetzt fing ich an zu leben, und die Flügel des Geistes wagten den ersten Flug.*
>
> Karoline von Günderrode

Anmerkungen:

1   Drewermann, Eugen, *Zeiten der Liebe,* Herder/Spektrum, Freiburg, 1992, 18–20.
2   Popcorn, Faith, *Clicking. Der neue Popcorn-Report. Trends für unsere Zukunft,* Heyne, München, 1996, 146 ff.
3   Höhler, Gertrud, *Offener Horizont. Junge Strategien verändern die Welt,* Econ, Düsseldorf/Wien/New York, 49–111.

1.
Frauen im Durchbruch: Strategien der Unbescheidenheit

Wenn der Papst sich einmal einer Psychoanalyse unterzöge, was für eine abgründi-
ge Angst vor Machtverlust und vor dem eigenen ins Unbewußte verdrängten weib-
lichen Teil käme da ans Licht. In diese dunkle Tiefe zu blicken, das wagt er nicht.
Aber für die Würde der Frauen beten ... [1]

Luise Rinser

«Bescheidene Mädchen kamen in den Himmel, böse auf den Scheiterhaufen!»

Wir sind dazu erzogen worden, bescheiden zu sein. Und dies ist wohl eine der schlechtesten Eigenschaften, die uns auf den Lebensweg gegeben werden können. Eines steht fest: Wir Frauen haben davon eine mindestens doppelte Portion verpaßt bekommen. Frei nach dem Grundsatz «Bescheidenheit ist eine Zier, doch weiter kommt man ohne ihr» haben wir oft mit dem zweiten Satzteil etwas kokettiert, wir haben uns vorgestellt, wie es wäre, wenn – um schnellstmöglich wieder auf das Klein-Mädchen-Syndrom einzuschwenken, das da heißt: Sei brav, bescheiden und klein.

Ich habe Tausende von Frauen getroffen, beraten, trainiert, die es einfach satt hatten, nach dem Motto «lieber den Spatz in der Hand, als die Taube auf dem Dach» ein Leben aus zweiter Hand zu führen. In meinen Seminaren und Beratungen mache ich diesen Frauen unlimitierten Mut, alles zu wollen, für ihre Träume zu kämpfen, diesen Kampf zum liebsten Hobby zu machen und immer besser zu werden. In jeder Begegnung sickert aber auch etwas durch, das uns Frauen im Verlaufe der letzten 2000 Jahre verbunden hat und verbindet: eine tiefe Angst. Ja, die existentielle Urangst vor Sanktionen und Bestrafung, wenn ich nicht das kleine, brave, bescheidene Mädchen bleibe.

Wir, die einst duldsamen, sich aufopfernden und stets bereiten Mädchen, sind kollektiv aufgebrochen in unsere Zukunft.

Unbescheidene Frauen – das andere Stück Geschichte!

> *Nichts ist bisher so beharrlich totgeschwiegen worden, wie der Beitrag, den Frauen an die Geschichte geleistet haben.*
>
> Rosalind Myles

Die vorhin beschriebene Urangst hat sich besonders stark im Hochmittelalter ausgeprägt. Hier nämlich haben starke, autonome und weise Frauen, die den Anstand der Dummheit verließen und sich heimlich auf eigenen Wegen von emanzipierten und weisen Männern in Latein und anderen Disziplinen unterweisen ließen, hautnah erlebt, was Ungehorsam mit sich brachte: Wir müssen heute davon ausgehen, daß bei einer mit heutigen Bevölkerungszahlen unvergleichlich tieferen Frauenzahl insgesamt zwischen neun und elf Millionen unbescheidene, ungehorsame und unangepaßte Frauen auf den Scheiterhaufen der katholischen Kirche gelandet sind. Eine der ersten wissenschaftlich nachgewiesenen Frauenbewegungen ist die sogenannte *Beginen-Bewegung*[2]. Die Beginen waren aufgrund des Männermangels infolge der Kreuzzüge und schließlich auch durch den Ausschluß aus den ordentlichen männlichen Ordenszweigen regelrecht gezwungen, Versorgerinnen von sich und ihren Kindern zu werden. Diese Witwenbewegung war eine immer größer werdende Überlebensbewegung von Frauen, die, mannlos und auf sich gestellt, den Luxus nicht mehr halten konnten, dumm, ungelehrt und abhängig zu bleiben.

Diese Beginen gaben sich gegenseitig Kraft, zogen gemeinsam umher, gründeten Schulen, waren sozial tätig und begannen schrittweise, sich selbst zu unterrichten. Nicht genug – sie gründeten später ihre eigenen Zünfte mit eigenen Berufsständen, wurden immer stärker und erfuhren sich als bedeutungsvolle Ernährerinnen ihrer Familien. Die Kreuzzüge hatten ermöglicht, was bisher undenkbar gewesen war: Frauen, zünftige Frauen, alphabetisierten sich selbst, ließen sich unterweisen in Latein, wurden Gelehrte, Unternehmerinnen, Lebensunternehmerinnen.

Als immer bedrohlicher werdender Stein des Anstoßes repräsentierten diese Beginen die Kraft weiblicher Gelehrsamkeit und Autonomie. Sie wurden zum Inbegriff des ungehorsamen, unbescheidenen Weibes, das sich nicht um Konventionen scherte, weil es überleben mußte.

Diese Frauen, mittlerweile auch erstarkt im Selbstbewußtsein, kannten nun überhaupt keine Bescheidenheit mehr. Sie waren nunmehr als Ärztinnen und Geburtenreguliererinnen unterwegs, gründeten Klöster, organisierten weibliche Handwerksgemeinschaften und – hier wohl lief das Faß über – begründeten ihre eigene feministische Theologie, die somit bei Gott keine Erfindung des 20. Jahrhunderts ist! Sie betrieben ihre Bibelexegese, um herauszufinden, wie die Bibel auf frauliche Art auch gelesen werden kann und diskutierten die weiblich-mütterlichen Anteile Gottes als Gebärerin des Lebens.

Diese Frauen waren als Partisaninnen ihrer Glaubensüberzeugung unterwegs. Sie waren so clever strukturiert, daß sie für die katholische Kirche zur unkontrollierbaren Macht wurden, die jederzeit da auftauchte, wo man sie nicht vermutete. Auf Eselsrücken bestiegen Sie Hügel, um von ganz oben, in der Gelehrtensprache Latein, zu predigen. Und tauchten unter, so schnell wie sie auftauchten.

Jäger und Sammler: Weise Frauen als Beute

Da schließlich alle Menschen wieder Brüder werden sollten, setzte hier das in seiner an Grausamkeit und Frauenverachtung seinesgleichen suchende Frauenpogrom unserer Zeitgeschichte ein: Aus der «Begine» (Ursprünglich stand der Begriff für eine «in besonderer Weise Gott suchende Seele» und wurde etwa wie «Schwester» verstanden) wurde die «Hexe»[3]. Als Gespielin des Bösen, des Teufels, wurde die weise, gelehrte Beginen-Frau fortan gejagt und diszipliniert. Ziel war die Rückeroberung des weiblichen Gehorsams und der katholischen Macht.

Dieses Hexenbild wanderte fortan zwischen lodernden Scheiterhaufen, häßlichster Frauenverachtung und perversesten Folterkammern im Namen der katholischen Kirche durch das heutige Europa und raffte alles dahin, was einen Rock trug und den geringsten Anschein der Unbescheidenheit machte.

Die Angst vor Autonomie beim Schopf packen!

Wirklich reich ist, wer mehr Träume in seiner Seele hat, als die Realität zerstören kann.

Sie fragen sich jetzt sicher nicht mehr, weshalb die Mehrzahl meiner Seminarbesucherinnen und Mandantinnen immer wieder über dieselbe Erfolgsblockade stolpern. Sie stolpern über die Angst vor unlimitierter Autonomie, die Angst vor dem Allein- und Ausgestoßensein, die Angst vor öffentlichem Sprechen, Auftreten, Sich-Exponieren, der eigenen Meinungsäußerung, die Angst vor der eigenen lauten Stimme, kurz: die Angst vor dem eigenen Erfolg einer grenzenlos eigenständigen Frau.

Wir können die Geschichte nicht ändern. In dem Moment aber, in welchem wir den Keim unserer Ängste und Blockaden erkennen, sind sie schon halbwegs gebannt.

Deshalb gehört die Geschichte, deshalb gehört dieser Keim zu diesem Buch. Und nun überlassen wir ihn der Vergangenheit.

Eine neue Zeitrechnung gilt, und die wird von uns Frauen geprägt, denn, wie Rosalind Myles feststellt: «Bisher wurde die Geschichte von Männern geschrieben, aber weitgehend – von Frauen gemacht!»[4]

Hurra, wir leben noch!

Wir sind wieder da. Noch stärker, noch organisierter, noch gelehrter, grenzenlos dem Leben entgegenstrebend, voller Wildheit und Träume, voller Glück und Kühnheit, voller Erfolg und Mütterlichkeit.

Unsere Zeit ist weiser, erfahrener und organisierter. In dieser säkularen Welt wird unser Fleisch nicht mehr brennen. Wir selbst sind aufgefordert, die Wunden loszulassen und mit ihnen den Haß auf die Vergangenheit, den Haß auf die Männer, die uns all dies in ihrer bestialischen Verirrtheit antaten.

An der Schwelle zum dritten Jahrtausend dürfen wir dieses Erbe getrost zurücklassen und uns all dem widmen, was wir in Zukunft wollen.

Wir haben viel erlebt und viel gelernt. Wir Frauen können davon ausgehen, daß uns ein übergreifendes, weltweites Kollektiverbe verbindet.

Diese Zeit ist Frauenzeit!

Ich habe keinen Sinn für weibliche Tugenden, für Weiberglückseligkeit. Nur das Wilde, Große, Glänzende gefällt mir!

Karoline von Günderrode

Wachsen wollen, um groß genug für große Träume zu sein: Wenn Sie sich entscheiden, unbescheiden und unlimitiert erfolgreich zu sein, haben Sie den Quantensprung aus den mentalen Scheiterhaufen geschafft. Nur das nämlich hat Macht über uns, was wir ignorieren und somit unbewußt ermächtigen.

Wenn Sie dazu bereit sind, sollten Sie in diesem Buch sofort weiterlesen und unverzüglich mit den Power-Tips zu arbeiten beginnen.

In meiner Praxis bin ich immer wieder betroffen, wenn ich sehe, wie herausragende Frauen, intelligent, gebildet, powervoll und gutaussehend, am ewiggleichen Umstand scheitern: Sie scheitern an ihrem mangelnden Selbstbewußtsein.

Es tut mir weh, zu sehen, wie viele Rosen nur an ihre Dornen denken und ihre gesamte strahlende Schönheit, ihren Stolz und ihre Würde unter den eigenen Wert stellen.

Selbstbewußtsein – diese Zaubergabe, die jede Tür öffnet – erhalten wir nicht durch äußere Einflüsse oder durch andere Menschen. Wir allein sind ermächtigt, diese Urkraft unserer Seele zur Lebensqualität zu entwickeln. Wahres Selbstvertrauen finden wir nur in uns selbst. Alles andere macht uns abhängig und schwach.

Stellen Sie sich auf den Standpunkt, daß Sie jetzt Ihre Stärken, die Schönheit, die Sie in sich tragen, Ihre Einmaligkeit und Ihre Talente über Ihr ganzes Leben strahlen lassen. Luise Rinser hat dafür ein schönes Bild geprägt: «Lebens-Traum. Plötzliche Erkenntnis: ich sehe mein Leben an mir vorüberziehen wie einen Film, in dem ich eine Rolle spiele. Ich bin Darstellerin und Zuschauerin zugleich. Das weiß ich natürlich längst. Neu ist mir der Gedanke: wichtig ist nicht der Film an sich, wichtig sind meine Reaktionen. Das Vorgeführte ist nur ein Traum. Es hat keine eigene Realität. Was einzig Wirklichkeit ist, das sind meine Reaktionen. Es ist die Art, in der ich geprüft werde.»[5]

Eigene Stärken zum unschlagbaren Bühnenstück entwickeln

Bernard J. Baars, Neurowissenschaftler am Wright-Institute in Berkley, beschreibt in seinem Buch «Das Schauspiel des Denkens» unser menschliches Bewußtsein als privaten Schauplatz, auf dem sich unser Leben abspielt: «Für viele Menschen stellt es sich als zusammenhängende Erzählung dar, ein narratives Bezugssystem, in dem sich Kindheit, Erwachsenenalter und hohes Alter zu Teilen eines sinnvollen Geschehens zusammenfügen.» Er faßt seine Untersuchungsergebnisse über Bewußtsein und Wahrnehmung zusammen, indem er sechs Grundideen nennt, mit welchen Realität von uns hergestellt wird: «Die Bühne, das helle Licht der Aufmerksamkeit, die Schauspieler und ihre Äußerungen, das Publikum, die Kontexte und der Regisseur. Die Schauspieler im Scheinwerferlicht können sich mühen und sich produzieren, solange sie auf der Bühne weilen, wo der Regisseur sie vor einem Hintergrund agieren läßt, der von den Kontextoperatoren geschaffen wird. Der Scheinwerfer wählt die wichtigsten Ereignisse auf der Bühne aus. Anschließend werden sie an ein Publikum verteilt, das sich aus allen unbewußten Routinen und Wissensquellen zusammensetzt.»[6] Diese von Baars aufgezeigten Grundelemente skizzieren anschaulich, wie äußerst komplexe biologische Abläufe unseres Gehirns funktionieren und Ideen und Wahrheiten komponieren.

Selbstbewußtsein und Selbstverantwortung beginnen mit dem bewußten Schritt, sich selbst auf der eigenen Lebensbühne, das helle Licht der Aufmerksamkeit, die Schauspielerinnen und Schauspieler und ihre Äußerungen, das Publikum, die Kontexte und die Regie verbindlich zu definieren. Erfolgreiche Frauen kennen ihre Visionen, Ziele, Wünsche und Befürfnisse, aber auch haargenau ihre Stärken und Schwächen.

Bauen Sie auf Ihre Stärken, fokussieren Sie niemals auf Ihre Schwächen! Wenn wir an unseren Schwächen arbeiten, können wir im besten Fall durchschnittlich werden. Setzen wir aber alle Kraft darauf, unsere Stärken auszubauen und zu entfalten, können wir daraus unschlagbare Wettbewerbsvorteile entwickeln. Dies ist eines der Geheimnisse der erfolgreichsten Menschen unserer Geschichte.

Lassen Sie sich tragen von Ihrer Vision, Ihren Träumen und Zielen. Bannen Sie alle dornenhaften und schmerzlichen Gedanken und Gefühle aus Ihrem Kopf. Das braucht viel Disziplin und ist eine tägliche Übung, die Ihr altes Muster des Nicht-Genügens Schritt für Schritt löscht. Aber eben – auch nicht von heute auf morgen, sondern nur mit Ihrer Beharrlichkeit und Ihrem eisernen Willen.

Wir wollen die Zukunft aktiv gestalten, mit kreativen Ideen neue Lösungen für alte Probleme finden und Erfolg in allen Facetten genießen. Das gelingt uns dann, wenn wir bei uns selbst beginnen, alle Bescheidenheiten, die uns bannen, zu entsorgen.

Welches sind die *persönlichen Erfolgsfaktoren*, die powervolle Frauen noch erfolgreicher machen? Gestützt auf meine täglichen Erfahrungen aus Führungsseminarien und Coaching mit weiblichen Führungskräften entstanden folgende Thesen, die ich Ihnen überlassen will mit der Aufforderung, sich selbst auf einer Skala von 1–10 (max.) zu beurteilen:

10-Punkte-Liste:
Was Frauen tun können, um noch erfolgreicher Karriere zu machen

Frauen werden ...

1. **zu ihrem ANDERSSEIN stehen**, das heißt: weg von der Gleichmacherei, Mut zum Anderssein als Frau (kein weiblicher Ritter in männlicher Rüstung!).

2. **ihre FRAUENSTÄRKEN BEWUSST** in Führung, Unternehmenspolitik und -kultur **einbringen** (2000 Jahre getrimmt auf Sozialkompetenz, Verantwortung, Ethik, Denken in Zusammenhängen, Respekt vor dem Leben).

---

3. **UNBESCHEIDEN SEIN** und Karriere mit Partnerschaft und Familie verbinden.

4. **AKTIV IHR UMFELD WÄHLEN**, statt gewählt zu werden; mit großer Sorgfalt ihren privaten und beruflichen Umgang prüfen (ein inspirierendes Umfeld gehört zur wichtigsten Erfolgsstrategie!).

5. **NETZWERKE** pflegen, und zwar männliche UND weibliche! (Frauen und Männer lernen voneinander!).

6. **SELBSTVERTRAUEN** in ihr (anderes) Denken, Fühlen, Handeln, Sprechen konsequent leben! Und damit eine neue Dimension der Führungs- und Firmenkultur gestalten!

7. **PERFEKTIONISMUS** verabschieden und es lieben, NEIN zu sagen! Weil die beste Frau nicht alles zur gleichen Zeit kann.

8. **LEBENSPARTNER, UNTERNEHMEN, FREUNDE** wählen, die sie liebevoll unterstützen und schätzen. Alles andere werden sie schnell verabschieden und neu wählen, weil sie unabhängig und autonom sind.

9. **SICHTBAR** und **HÖRBAR SEIN!** Sie stehen gerne in der Öffentlichkeit, um zu sagen, was Sache ist.

10. **KONSEQUENT SEIN**, wenn es um ihre Visionen, Ziele, Werte geht. Was für sie keinen Sinn macht, wird verabschiedet, für ihre Lebensmission gehen sie aber durchs Feuer.

Daß *Frauen* aufgrund ihrer Sozialgeschichte hervorragende Voraussetzungen für Leadership und Unternehmerinnentum mitbringen, darf als gesichert betrachtet werden. Es muß also darum gehen, diese Qualitäten strategisch und zielstrebig in die Wirtschaftsrealität einzubringen und dieses Recht leichtfüssig und unbeirrt zu nutzen.

Kate White, Chefredaktorin von *Cosmopolitan, New York,* faßt dies in ihrem Buch «9 Secrets of Women Who Get Everything They Want»[7] wundervoll zusammen: «Wenn eine Frau einfach alles vergißt, was sie die gute Erziehung (...) gelehrt hat, ist sie bereits auf dem richtigen Weg. Verblüffen, irritieren und gegen den Strom schwimmen heißt die Devise.» Und: «Die erste Regel lautet: Brich die Regeln. Und lebe nach Deinen eigenen Gesetzen.»[8]

Die neue Erfolgsformel EQ – emotionale Intelligenz – wurde von Daniel Goleman umfassend dargestellt. In seinem Buch macht er sie salonfähig und hat damit unter einem neuen Label nichts anderes gemacht, als «Intuition» – eine der legendären weiblichen Stärken – in die Männersprache übersetzt. Mit viel Pathos ist zu lesen: «Es ist ein neuer Kontinent, der hier erschlossen wird. (...) Auf der Basis von ‹Emotionale Intelligenz› sichtbar, verstehbar und nachvollziehbar als Herausforderung an den einzelnen und an die Gesellschaft, die zutiefst menschliche Fähigkeit auszubilden, mit den eigenen Gefühlen und denen der andern intelligenter, bewußter, phantasievoller und sensibler umzugehen. Emotionale Intelligenz erweist sich als fundamentales Prinzip der menschlichen Natur. Erkannt und angewandt, wäre es ein Lebensprinzip für die menschliche Gemeinschaft.»[9]

Daß unseren Gefühlen nunmehr Intelligenz attestiert wird, ist erfreulich. Was viele Männer als Offenbarung erleben, stößt bei Frauen bestenfalls auf mildes Lächeln. Sie wissen das seit jeher. Es ist längst Zeit, neue Fragen zu stellen, um alte Probleme zu lösen. Und dies nicht erst, seit die Kognitionswissenschaft als die «Neuland betretende Hirnforschung»[10] herausgefunden hat, daß eine eindeutige Interaktion zwischen Rationalität und Gefühlen besteht.

Im neuesten Buch von Goleman droht uns Frauen nun ob soviel männlicher Begeisterung für den «Erfolgsquotienten» Emotionalität, daß er uns allmählich abgesprochen wird! Bereits im zweiten Buch will wissenschaftlich nachgewiesen worden sein, daß Frauen keinen Vorsprung in Sachen Empathie und Intuition hätten![11] Ich wage kaum auszudenken, was im dritten Buch steht ...

Immerhin: Auch die Wissenschaft hat jetzt den Männern den Weg geebnet zu neuem Denken, weiblichem Fühlen, Emotionalität und Ganzheitlichkeit.

Über Jahrtausende wiederholten sich Fehler, Verantwortungslosigkeit,

Macht- und Dominanzbesessenheiten aufgrund immer gleicher Denk- und Handlungsmuster. Für Frauen heißt es, ihr grundsätzlich anderes Denken auch in die betriebswirtschaftliche Realität konsequent einzubringen, und zwar lustvoll, unerschrocken und unglaublich selbstbewußt.

In einem erfrischenden Artikel zur zweiten Generation von Führungsfrauen beschreibt die Publizistin Corinne Amacher: «Glatt fügen sich die Business-Frauen der neuen Generation in die von Männern geschaffene Arbeitswelt ein, ohne je in die Opferrolle zu fallen.»[12] Anhand konkreter Beispiele werden Grundhaltungen zitiert, die bestens ins Repertoire der Gewinnerin passen und die Haltung von Leichtfüßigkeit, Spontaneität und Lust an der Leistung illustrieren: «Federnden Schrittes treten sie ins Vorzimmer der Macht» und «... wenn es darauf ankommt, nehmen sich Frauen die Freiheit, die Unternehmen genauso unorthodox zu verlassen, wie sie sie betreten haben.»

> *Some of us were becoming the men we wanted to marry.*
>
> Gloria Steinem

Das war die Frauengeneration vor uns, der wir viel zu verdanken haben.

Jetzt aber hat uns die Unbekümmertheit, Frische und der unerschütterliche Glaube an uns selbst wieder. Jetzt haben wir unsere mädchenhafte Unbekümmertheit wiedergewonnen und verbinden sie mit unserer ganzen Lebenserfahrung und Professionalität. Wir suchen das Stück Himmel, unter dem wir lustvoll Karriere machen und sie in aller Unbescheidenheit verbinden mit einem inspirierenden Privatleben, mit Familie, Freunden und Freizeit.

Zu *kapitulieren*, angesichts der laufend steigenden Leistungsanforderungen, ist leicht. *Das Scheitern* setzt immerhin eine gewisse Aktion voraus. *Gewinnen* hingegen bedingt die richtigen Aktionen! Die erfolgreichsten Unternehmen haben dies erkannt: Wer mit den falschen Menschen richtige Ziele anvisiert, hat verloren. Wer mit den richtigen Menschen falsche Ziele anvisiert, hat nochmals verloren. Also geht es darum, die richtigen Ziele mit den richtigen Menschen zu verbinden und diese Kombination in ein inspirierendes Regelwerk und Unternehmensklima zu packen. In diesem Sinne verfolgen erfolgreiche

Frauen nichts anderes als das Anforderungsprofil der neuen Führungskraft, die unter dem Begriff «Leadership» all das verbindet, was Frauen seit jeher gepflegt haben. Ich werde auf diese neuen Anforderungen in den Kapiteln 8 und 9 ausführlich eingehen, hier jedoch schon einige wichtige Gedanken vorausschicken.

Die Leichtfüßigkeit des weiblichen Führens

Lois Wyse, Präsidentin von *Wyse Advertising, New York*, beschreibt sehr präzise, welche Eigenschaften Frauen für Führungspositionen einbringen können, die heute unverzichtbar für jeden Führungserfolg sind: «Wenn Sie eine gute Managerin sein wollen, so seien Sie zuerst eine gute Mutter. All die Dinge, die eine Mutter gibt – Trost, Lob, Schelte, Motivation, Unterhaltung, Belehrung, Bestrafung und Belohnung – sind das, was das grundlegende Verhaltenssystem für die Interaktion in der Unternehmenswelt formt. Am stärksten beeinflußt eine ehrliche und authentische Stimme, die sie selbst, Ihr Leben und Ihren Glauben repräsentiert, andere, die Ihnen folgen.» [13]

Gute Führung und Zusammenarbeit ist stets das Ergebnis einer gelungenen Beziehungsarbeit. Erfolgsorientierte Beziehungsarbeit setzt eine Vielzahl von Eigenschaften voraus. Dazu gehören Teamfähigkeit, Einfühlungsvermögen ebenso wie Abgrenzungsfähigkeit, die Fähigkeit, Konflikte konstruktiv auszutragen und für Problemlösungsprozesse zu nutzen, Toleranz im Umgang mit Quer- und Andersdenkenden (hier entsteht oft Innovation und Kreativität!), die Größe, persönliche Interessen hinter die Sache zu stellen, im Alleingang nötigenfalls ein Ziel durchzusetzen, Menschen zu motivieren, Werte zu generieren, gestaltend auf ein angenehmes und wertvolles Arbeitsklima (Unternehmenskultur) einzuwirken, eine Kultur der Neugier und Offenheit zu implementieren, Unternehmertum im Unternehmen zu fördern und Freude an hohen Leistungszielen zu wecken, Innovationsbereitschaft, Visionskraft und Pragmatik für das Machbare in Einklang zu bringen, Bereitschaft zum konstanten Wandel zu schaffen und schließlich auch: den verantwortungsvollen Umgang mit eigenen Kraftreserven vorzuleben und Oasen der Regeneration zu kreieren.

Dazu gehören auch Leidenschaft, Spontaneität, der Entdeckungsgeist der Pionierin, Unerschrockenheit, tausendfaches Aufstehvermögen, eine unglaubliche Lust auf Erfolg und ein tragendes, kraftgebendes, kurzum glückliches Privatleben.

Nicht selten ergeben sich durch das Wachsen an Aufgaben Verantwortung und Erwartungen. Es ist die Zeit gekommen für Menschen an der Führungsspitze, die ihren menschlichen Mehrwert in ihre tägliche Arbeit einbringen und mit dieser kostbaren Essenz wieder neue ethische, soziale und verantwortungsvolle Leitplanken setzen. Sie geben den von Veränderungen durchgeschüttelten Mitarbeiterinnen und Mitarbeitern in jedem Unternehmen Orientierung, Halt und die Primärmotivation zur Topleistung.

In der Vision von Sherry S. Cohen, der Autorin des Buches «Sanfte Macht», das in den USA ein begeistertes Echo und auf Chefetagen längst fällige Diskussionen auslöste, sieht dies konkret so aus:

«Jeden Tag wirft eine weitere starke Frau eine männliche Eigenschaft ab und ihre neubefreiten Muskeln spielen mit Anmut, Schönheit und Macht. Jeden Tag nimmt eine weitere starke Frau eine vergessene weibliche Eigenschaft für sich in Anspruch. Wenn sie diese Eigenschaften mit neuerreichter wirtschaftlicher Macht mischt, steigt ihr Einfluß, klingt ihre Stimme sicher und wahr.»

«Eine Frau reicht die Hand, um einen anderen Menschen zu stärken, und sie wächst dabei.»

«Eine Frau verläßt sich sowohl auf ihre Intuition als auch auf ihren Computer und zieht nun der Konkurrenz mit zwei mächtigen Werkzeugen davon.»

«Eine Frau beschließt, mit einer Rivalin im Büro zusammenzuarbeiten, statt mit ihr zu konkurrenzieren; die beiden Frauen erkennen, daß sie sich mögen.»

«Eine Frau an der Spitze einer großen Organisation besteht darauf, daß Familie und Beziehungen genauso zählen, wie Dollars. Sie lebt das, was sie sagt. Das große Unternehmen wird noch größer.»

«Eine Frau spürt, daß an ihrem Arbeitsplatz kein Raum für Sensibilität ist und beschließt, zu kündigen und ihr eigenes Unternehmen zu gründen.»

«Eine Frau sträubt sich gegen die Unternehmensmentalität und entgegen allem bisher Dagewesenen teilt sie, stärkt, arbeitet zusammen, sucht Verbindung und reagiert emotional, während sie die Arbeit tut. Das Unternehmen wird entspannter. Viele folgen ihrem Beispiel.»[14]

Wenn wir unsere Träume erfüllen, brauchen wir sehr viel Mut, zu ihnen zu stehen und anders zu sein. Wir müssen bereit sein, das «Drum und Dran männlichen Erfolgs und Ehrgeizes»[15] hinter uns zu lassen und unseren fraulichen Weg zu gehen. Unbescheiden und lustvoll vorwärtsdrängend – hinein in unsere Träume eines Lebens aus erster Hand! Ob Sie das schaffen oder nicht, hängt von der Klarheit Ihrer Entscheidung ab. Ihr Commitment, Ihren Weg auf Ihre Weise und mit Ihren Stärken zu gehen, ist ein Willensakt, der in eine Absichtserklärung mündet. Sie können alles, wenn Sie nur wollen. Oder – um mit Castaneda zu sprechen: «Ich kenne nur eine Kraft, die ähnlich stark ist wie die Kraft des Wünschens: Die Kraft der Absicht. Beabsichtige einfach.»[16]

Ich habe einen einfachen Geschmack. Ich bin mit dem Besten zufrieden.

Oscar Wilde

Power-Tips:

Heute ist mein ERFOLGSTAG, indem ich mich zu folgenden Schritten verpflichte:

- **Ich kaufe mir ein Buch (siehe Bibliographie) über unsere Frauengeschichte und befasse mich damit. Ich stelle mir die Frage, wo sie mich betroffen macht und schreibe mir auf, was ich daraus für mich selbst lerne.**

- **Ich beginne heute damit, ein persönliches Erfolgsjournal zu führen. Jeden Abend schreibe ich mir mindestens drei Erfolgserlebnisse des Tages auf. Ich werde nach kurzer Zeit bemerken, wie sehr mich** *mein Erfolgsjournal stärkt und inspiriert. Mein Selbstvertrauen wächst spürbar und meine Lust auf Ziele in meinem Leben ebenfalls. Ich konzentriere mich immer stärker auf die positiven Fähigkeiten in mir und entwickle die Kraft und Energie, sie sofort in meinem Leben umzusetzen.*

- *Ich werde allen Frauen, mit denen ich zu tun habe, eine Motivatorin und Inspiratorin sein und spüren, wie dies mich selbst bekräftigt und ermutigt.*

- *Heute werde ich etwas tun, das ich niemals zuvor gewagt hätte!*

- *Ich werde meine Leidenschaft für 24 Stunden wild versprühen, ohne mich um Regeln zu kümmern.*

Neu-Design von Realität

Sind Sie bereit für noch mehr Unbescheidenheit, soviel nämlich, daß Sie den Rahmen der guten Erziehung verlassen und einfach loslegen? Sollten Sie zu den skeptischen Leserinnen gehören, so wagen Sie für wenigstens 24 Stunden einen Versuch. Hören Sie nicht auf den «Mann im Ohr», der permanent mit erhobenem Zeigefinger weismachen will, daß Unbescheidenheit Rücksichtslosigkeit, mangelnde Menschenliebe oder gar gelebtes Antichristentum sei. Ganz im Gegenteil! Ich behaupte nämlich, daß Sie erst dann in der Lage sind, wirklich, wirklich auf andere Menschen bedingungslos und ohne Gegenerwartung einzugehen, daß Sie erst dann wirklich rücksichtsvoll sein können, wenn Sie selbst unbescheiden sind; wenn Sie Ihr Leben aus erster Hand leben, frei von Opfer-Täter-Verwicklungen, wenn Sie auf der Zielgeraden Ihrer Lebensmission Ihre Lebenswünsche und -träume verwirklichen. Erst wenn Sie sich selbst glücklich gemacht haben, können Sie andere glücklich machen. Erst wenn Sie sich selbst alles Gute der Welt wünschen, können Sie dies auch bei anderen tun. Mit anderen Worten: Sie können nur geben, was Sie selbst haben!

> *Erkenne, wo Du stehst, wo Du hinwillst. Mache Deinen Plan. Und dann geh!*
>
> Ken Cardigan

Erst wenn wir selbst im Vollen leben, können wir andere aus dem Vollen beschenken, und zwar ohne Gegenerwartung und somit ohne Gegengeschäft.

Menschen, die sich selbst für andere aufopfern, neigen dazu, sich permanent in der Rolle der Dienenden, Zu-kurz-Kommenden und damit in der Rolle des Opfers zu bewegen. Damit machen Sie den «Beschenkten» ein schlechtes Gewissen und schaffen gleichzeitig eine moralisch höchst verwerfliche Form der Abhängigkeit.

Altruismus ist daher eine Form von Machtpolitik und Machterhaltung, die sozusagen zum Urrepertoire von uns Frauen gehört. Gelebter Altruismus ist eine Negativkraft, die all das Gute will und stets das Schlechte schafft; weil kein Mensch Respekt und Achtung aufbauen kann, der in einer Abhängigkeit lebt. Diese historische Frauenhypothek, unser Hang zum Altruismus und zur Selbstaufopferung ist obsolet. Wir dürfen sie ultimativ entsorgen und fortan zuerst einmal uns selbst glücklich machen. Dieses Glück wird dann auch andere glücklich machen.

Standpunkt und Wahrheit

Ich werde mich hüten, hier eine philosophische Tauchstation zum Terminus «Wahrheit» einzurichten. Und dennoch sind mir einige Überlegungen ein Kapitel wert. Es gibt stabile Fragestellungen im Leben jedes Menschen. Dazu gehören die Frage nach Herkunft, Sinn und Wahrheit.

Millionen wissenschaftlicher Reflexionen helfen uns nicht über die Unsicherheit der Antworten hinweg. Wir Menschen wissen viel, doch das Wesentliche bleibt uns verborgen. Zeitlebens sind wir bestenfalls heitere Suchende nach ein bißchen Erleuchtung, die wir sodann in eine Reihe bombastischer Hypothesen und Standpunkte stellen. Die objektive Wahrheit eines Sachverhaltes kennen wir nie. Die von uns als solche dargestellte subjektive Wahrheit basiert einzig und allein auf unserem Standpunkt der Betrachtung dieses Gegenstandes und auf unserer Art, wie wir etwas wahr-nehmen.

Mit andern Worten: Wahrheit – so verstanden – ist immer subjektiv und durch die Änderung des Blickwinkels ändert sich auch die Wahrnehmung, die wiederum das bestimmt, was wir als Wahrheit deklarieren. Was dann folgt, ist die Beurteilung. Und die Zahl gleicher oder ähnlicher Beurteilungen bestimmt dann in einer Gesellschaft das, was als «Norm» und sogenannt «normal» daher-kommt. Diese Norm wird dann – der guten Ordnung halber – in die Uniform von Moral und Rechtsprechung gesteckt.

Zusammengefaßt: Die Qualität unserer Wahrnehmung und unser Stand-punkt entscheiden darüber, was wir als wahr zu erkennen glauben. Was immer wir sehen, fühlen, hören, ertasten und erleben, eines ist sicher: Unsere Wahrneh-mung ist subjektiv richtig und in jedem Falle objektiv falsch!

Entscheidend ist also einzig und allein Ihre momentane *Überzeugung* zu einem bestimmten Sachverhalt. Wenn Sie morgen eine andere Meinung haben, ist das Ihr Recht. Vielmehr noch zeugt Ihre Meinungsänderung letztlich davon, daß Sie weitergekommen sind und dazugelernt haben. Das Statement eines Un-ternehmers illustriert diesen Prozeß sehr anschaulich, als er in einem Interview sagte: «Was interessiert mich mein Geschwätz von gestern!»

Es gibt keine Objektivität in dieser von uns Menschen über unsere Sin-nesleistungen wahr-genommenen Welt. Es gibt nur Subjektivität und das vorhin ausgeführte Zustandekommen von Normen, denen dann von einer gesellschaft-lichen Mehrheit Objektivität und Sachlichkeit zugeschrieben wird. Wahrheit ist Konsens einer klaren Mehrheit von Individuen, die aufgrund ähnlicher Stand-punkte zu einer ähnlichen Beurteilung desselben Gegenstands kommt, diese in Sprache gießt und für gültig erklärt. Sprache determiniert dann nochmals Wahrnehmung.

Wenn es nur eine einzige Wahrheit gäbe, könnte man nicht hundert Bilder über dasselbe Thema malen.

Pablo Picasso

Wir brauchen Frauen, die ihren subjektiven Standpunkt und ihre ethische Sensitivität in diese Welt einbringen, ganz egal, ob sie damit konsensfähig sind oder nicht. Ebenso brauchen wir erwachsene Männer[17], die ihre Männlichkeit unbeirrt in die Entwicklung von Gesellschaft, Wirtschaft und Politik einbringen, die gemeinsam Werte schaffen und nicht gegeneinander arbeiten.

Strategien der Unbescheidenheit versetzen uns in die Lage, Träume zu verwirklichen, alles zu wollen, Mut zum Abschied, Mut zum Aufbruch und Mut zur Begegnung zu finden. In dieses Reisegepäck der Unbescheidenheit gehört eine große Portion Selbstvertrauen. Es ist das wichtigste Utensil auf Ihrer Reise durchs Leben, auf dem «Weg durch den Kosmos – durch Sternenstaub, Planetenwirbel und die Strudel der Unendlichkeit.» Deepak Chopra beschreibt diese Reise, auf der wir in erster Linie mit uns allein sind, in anschaulicher Weise: «Unsere Existenz ist so flüchtig wie Herbstwolken. Geburt und Tod mitanzusehen ist wie einem Tanz zuzuschauen. Ein ganzes Leben geht vorbei wie ein Blitz am Himmel, schießt dann wie ein Gebirgsbach durch die tiefe Schlucht. Wir haben einen Moment verharrt, um einander zu begegnen, zu lieben und zu teilen. Es ist ein kostbarer Augenblick, aber er geht vorbei – er ist nicht mehr als nur ein kleines Verharren in der Ewigkeit. Wenn wir mit Fürsorge, Liebe und leichtem Herzen teilen, erzeugen wir Wohlstand und Freude füreinander. Dann ist dieser kurze Augenblick es wert gewesen.»[18]

Ich lade Sie zur folgenden Übung ein:

Lassen Sie jeden Satz auf sich wirken, und formulieren Sie dann ein sofort umsetzbares Ziel, das Sie inspiriert. Beachten Sie bitte folgende Spielregeln:
* Jedes (noch so einfache!) Ziel, das Sie formulieren, ist eine Vereinbarung mit sich selbst.
* Sie unterschreiben diese Vereinbarung als Vertrag mit sich und halten das Ziel ein.
* Jedesmal, wenn Sie ein Ziel erreicht haben, belohnen Sie sich mit etwas, das Ihnen Freude macht!

Dies ist die Reise in eine unverschämt unbescheidene Landschaft voller Träume, Visionen und Unbegrenztheiten. Füllen Sie folgendes Formular mit Ihrem Namen und Ihren Wünschen aus:

Meine erste Reise über meine Grenzen hinaus!
Hier ist meine Vereinbarung mit mir selbst:

Name: .... Datum: ....

- **Selbstvertrauen, Selbstachtung, Entschiedenheit und Abschied vom Perfektionismus gehören zu mir wie meine Seele.**
  Ich, ... , werde bis (Zeitpunkt) ....

- **Ich bin anders. Kein weiblicher Ritter in männlicher Rüstung, sondern ein weiblicher Ritter mit weiblicher Rüstung. Ich stehe dazu, anders als Männer im beruflichen Umfeld zu sein und bin stolz darauf.**
  Ich, ..., werde bis (Zeitpunkt) ....

- **Ich bleibe konsequent am Ball, an der Sache, und fühle mich deshalb nicht unweiblich. Im Gegenteil!**
  Ich, ..., werde bis (Zeitpunkt) ....

- **Ich bin bereit. Für das Gute im Leben. Und vermeide jede Form von Selbstsabotage.**
  Ich, ..., werde bis (Zeitpunkt) ....

- **Ich sage NEIN. Das magische Wort für unbescheidene und ehrgeizige Frauen, die an «Burn out»-Syndromen leiden oder solche nicht kennenlernen wollen. «Nein» ist die Absage an unseren gutgemeinten Ja-Sager-Wahn, der uns ausbrennt und krank macht.**
  Ich, ..., werde bis (Zeitpunkt) ....

- Ich gehe mit Herz an jede Sache! Wo es mir fehlt, sage ich NEIN!
  Ich, ..., werde bis (Zeitpunkt) ....

- Ich suche bewußt die Balance zwischen Hektik und Ruhe und weiß genau wie.
  Ich, ..., werde bis (Zeitpunkt) ....

- Ich werde vorsichtig, wenn Kopf und Intuition im Streit stehen. Ich nehme meinen Seismographen, meine Intuition (Männer nennen sie lieber «emotionale Intelligenz»!) ernst. Ich spüre die Probleme im Bauch und löse sie mit dem Kopf.
  Ich, ..., werde bis (Zeitpunkt) ....

- Ich bin ganz unbescheiden im Entwickeln aller meiner Fähigkeiten!
  Ich, ..., werde bis (Zeitpunkt) ....

- Ich kämpfe gegen Ungerechtigkeiten. Worte interessieren mich nur, wenn Taten folgen.
  Ich, ..., werde bis (Zeitpunkt) ....

- Ich bin mir treu!
  Ich, ..., werde bis (Zeitpunkt) ....

- Ich bin sichtbar! Ich habe es in der Hand, zum mutmachenden Coach vieler anderer Menschen zu werden. Ganz besonders wir Frauen brauchen aufgrund unserer «unsichtbaren» und «bruchstückhaften» Geschichte Vorbilder, die zeigen, was heute erreichbar und möglich ist.

Ich, ..., werde bis (Zeitpunkt) ....

- Ich gehe meinen Weg. Konsequent aber niemals lautlos. Ich tue Gutes und spreche laut und deutlich darüber.

Ich, ..., werde bis (Zeitpunkt) ....

- Ich bin mein eigenes, eigenwilliges, unbescheidenes Vorbild, meine beste Kritikerin und treueste Freundin.

Ich, ..., werde bis (Zeitpunkt) ....

- Ich entschuldige mich nicht, wenn ich besser war als andere.

Ich, ..., werde bis (Zeitpunkt) ....

- Ich bin Mentorin von ausgewählten Frauen (und Männern).

Ich, ..., werde bis (Zeitpunkt) ....

- Ich fördere stets, was ich selbst auch fordere.

Ich, ..., werde bis (Zeitpunkt) ....

- Ich lasse mich niemals durch Niederlagen entmutigen. Ich lerne daraus und stehe sofort wieder auf. Ich zeige, daß ich mit jeder Niederlage stärker und stärker werde und reife, wachse und erblühe.

Ich, ..., werde bis (Zeitpunkt) ....

- Ich bin ein Vorbild mit einer gesellschaftspolitischen Rolle, weil ich lebe, wovon andere Menschen nur träumen.
  Ich, ..., werde bis (Zeitpunkt)............................

- Ich bin ganz und gar unbescheiden, wenn es darum geht, über mich hinauszuwachsen und als Quer- und Andersdenkende die Welt auf den Kopf zu stellen. Ich schaffe neue Horizonte. Um dies sofort umzusetzen, werde ich, ..., bis (Zeitpunkt) ....

- Ich habe mit Menschen einen Beziehungsunterbruch. Ich bin bereit, über meinen Schatten zu springen und den Unterbruch zu beenden.
  Ich, ..., werde bis (Zeitpunkt)............................

Tragen Sie Ihre Ziele bei sich, immer sichtbar, in Ihrer Agenda, in Ihrem Erfolgsjournal, in Ihrem Portemonnaie. Wichtig: Sie müssen sich täglich mit Ihnen befassen, damit Ihr Aufbruch zum Durchbruch für viele andere Ziele wird. Vergessen Sie nicht: Hier dürfen Sie eine der Hauptqualitäten von Frauen für sich nutzen: die der Disziplin. Seien Sie mit sich genauso fair wie beim Einhalten von Verträgen mit anderen Menschen!

Anmerkungen:

1   Rinser, Luise, *Wir Heimatlosen 1989–1992*, Fischer, Frankfurt am Main, 1992, 78.
2   Bereits 1230 beginnt die Urkundensprache von den Frauen zu reden, «die das Volk Beginen» nennt und die als gesamteuropäisches Phänomen eine ausserklösterliche Form von weiblicher Religiosität und Selbstversorgung leben. Nicht genug, sie unterhielten auch eifrig Handelsbeziehungen und betätigten sich spirituell, sozialpolitisch und unternehmerisch. Sie lernten Latein und begannen mit Bibel-Exegese! Da diese erste historisch nachweisbare Frauenbewegung an Einfluss und Grösse stets zunahm, wurde das Beginentum zur Bedrohung für die katholische Kirche. Sie musste handeln, wollte sie ihre Autorität nicht weiter gefährden. 1310 setzte die Kirche zwei von Papst Clemens erlassene Bullen gegen die Beginen ab, und im gleichen Jahr wur-

de ein erstes Exempel zur Abschreckung statuiert: Das später anonym weiterverbreitete Werk der Begine Margarete Porete «Der Spiegel einfacher Seelen» wurde von der Kirche als ketzerisch verdammt und in aller Öffentlichkeit und in Gegenwart der Verfasserin verbrannt. Margarete Porete selbst wurde – als eine der ersten Beginen-Frauen – anschließend auf dem Scheiterhaufen hingerichtet und damit zum traurigen Symbol zahlreicher Ordensfrauen, die ihr Schicksal, als Frau geboren zu sein, in unmißverständlicher Weise beklagten. Jeder Ausbruch aus den Zwängen der Rollenzuweisung bedeutete ab jetzt Häresie, Ketzertum und damit für Jahrhunderte Tod.

3   Eine der empfehlenswertesten Studien hierzu bieten:
Becker/Bovenschen/Brackert et al., *Aus der Zeit der Verzweiflung. Zur Genese und Aktualität des Hexenbildes,* Suhrkamp, Frankfurt am Main, 1988.

4   Myles, Rosalind, *Weltgeschichte der Frau,* Econ, Düsseldorf/Wien/New York, 1990.

5   Rinser, Luise, *Wir Heimatlosen,* Fischer, Frankfurt am Main, 1992, 126.

6   Baars, Bernard J., *Das Schauspiel des Denkens. Neuro-wissenschaftliche Erkundigungen,* Klett-Cotta, Stuttgart, 1997, 83.

7   White, Kate, *9 Secrets of Women Who Get Everything They Want,* Harmony, New York, 1998.

8   Goleman, Daniel. *Emotionale Intelligenz,* Hanser, München/Wien, 1996.

9   Goleman, ebenda.

10   Goleman, ebenda.

11   Goleman, Daniel. *Der Erfolgsquotient,* Hanser, München/Wien, 1999, 392–395. Er beruft sich außerdem auf folgende Studie: Ickes, William/Graham, Tiffany, *When Women's Intuition isn't greater than Men's, in: Ickes, William (Hrsg.), Empathic Accuracy,* Guilford, New York, 1997.

12   Amacher, Corinne, *Jung, frech, frei – einfach anders,* in: Bilanz, Das Schweizer Wirtschaftsmagazin, Mai 1999, 156–164.

13   Wyse, Lois, *The Six-Figure Woman,* New York, 1983.

14   Cohen, Sherry S., *Sanfte Macht. Der neue weibliche Weg,* Kabel, Hamburg, 1990, 309 f.

15   Cohen, Sherry S., a.a.O.

16   Castaneda, Carlos, *Die Kraft der Stille,* Fischer Taschenbuch, 1992.

17   vgl. dazu Kapitel 14: The Power of Good bye: Vom richtigen Umgang mit falschen Männern!

18   Chopra, Deepak, *Die sieben geistigen Gesetze des Erfolgs,* Heyne, München, 1996, 134 f.

2.
Erfolg auf fruchtbarer Erde:
Ethik als Erfolgsstrategie

Sein Gewissen war rein. Er benutzte es nie.

Stanislaw Jerzy Lee

Der neue Weg: Neue Fragen im Kontext Verantwortung stellen!

Die alten Fragestellungen haben ausgedient. Sie helfen uns kein Stück weiter in der Bewältigung der Zukunft. Albert Einstein hat bereits festgestellt, daß wir mit dem Denken, das unsere Probleme generiert hat, diese nicht lösen können. Die jetzt schon beträchtliche Zahl von unterschiedlichen sozialen Systemen, in denen wir leben, wird immer größer und läßt viele Menschen vereinsamen und verkümmern. Ebenso zahlreich sind Welt- und Wertträume. So wie wir unsere Welt erleben, zerstückelt und fragmentiert, so erfahren wir letztlich uns selbst. Wir haben alle Hände voll damit zu tun, diese Fragmente so zusammenzufügen, daß wir darin gut und sinnvoll leben können.[1] Dies trifft auch auf den Organismus Unternehmen zu, der trotz – oder gerade wegen – zahlreicher Business-Reegineering-Konzepte feststellt, daß es keine Erfolgsstrategien ohne die richtigen Fragen gibt. Diese stellen nur Menschen an Menschen unter Berücksichtigung ihrer emotionalen Befindlichkeiten.

Der Ethik, insbesondere der *Wirtschaftsethik,* wird für eine erfolgreiche Zukunftsbewältigung ein prioritärer Platz einzuräumen sein. Wenn Menschen uneingeschränkte Selbstverantwortung wahrnehmen, sind sie auch in der Lage, generelle Verantwortung zu tragen. Ich verlange keine neuen Moralabhandlungen und keinen Dekalog 2000, dafür aber intensives Nachdenken über Ursachen und Wirkungen unserer Geschichte und dringend neue, zukunftsweisende Fragen, die wir zu stellen haben. Es liegt ein schöpferischer Umgang mit Verantwortlichkeit in unserem Denken, Handeln und Lassen. Alte Handlungsimpulse und Leistungsprinzipien haben sich als «statische Kataloge der Rechtschaffenheit» überholt. Unsere Fragen zielen darauf ab, die Kriterien zu definieren, die für ein «Innovations-Management» taugen, das auch noch morgen funktioniert.

In der Auseinandersetzung mit konkreten Lebensproblemen und dem Wertewandel haben sich in letzter Zeit immer mehr «Spezial-Ethiken» herauskristallisiert, die den Versuch starten, moralische Prinzipien für die Praxis anwendungsfähig zu machen. Besonders interessant sind hierbei die sogenannt normativen Aspekte. Sie stellen die Frage, welches die Prinzipien eines für alle Lebewesen guten Lebens sind, welches der Maßstab für moralisch richtiges Handeln ist und schließlich welches die Moralprinzipien sind.

> *Götterdämmerung in den «intelligenten Systemen»: Emotionsasketen verlieren ihre Witterung für Chance und Gefahr.*
>
> Gertrud Höhler

Der neue Weg: Synergetisches – weibliches Denken

Die Wirtschaftsethik problematisiert die «Ziele und Normen unternehmerischen Handelns im Zusammenhang mit der Frage nach der Verbindlichkeit des Prinzips der Nutzenmaximierung» [2]. In diesem Zusammenhang beschreibt Koslowski «die Integration von ethischer und ökonomischer Theorie als ‹Ethische Ökonomie›» [3].

Ich halte die Antworten auf die vorhin gesetzten Fragestellungen für einen unverzichtbaren Kompaß für jede Form von Erfolgslegitimation sämtlicher Entscheidungsträger/innen in Wirtschaft, Politik und Öffentlichkeit. Ethik, als philosophische, bis auf Aristoteles (384–322 v. Chr.) zurückgehende Disziplin, verpflichtet Menschen zu verantwortlichem Denken und Handeln im Kontext ihres Lebens und schafft letztlich Leitplanken innerhalb des individualistischen Selbstverständnisses jedes einzelnen. In den letzten Jahrzehnten wurde der Ruf nach praktischen Ethik-Richtlinien lauter, der Verlust von Werten und Prinzipien gibt diesem Phänomen heute zusätzlich Auftrieb.

«Menschen fügen einander das zu, was sie sich selbst antun!»[4]

Erst wenn wir die Verantwortung nicht mehr äußeren Regelwerken überlassen und bei uns selbst beginnen, hat eine neue Ethik wirklich eine Chance. Damit müssen wir nicht warten, sondern vielmehr gleich beginnen. Aus dem Standpunkt der Urheberin heraus und mit den handfesten Umsetzungsstrategien dieses Kapitels wird es uns gelingen, unverzüglich neue Parameter zu leben, die powervoll genug sind, andere damit zu be-geist-ern.

Zur Welt gebracht, lag das Kind kraftlos da; bald aber bewegte es sich, ganz wie die Tiere, auf vier Füßen fort, bis es allmählich zitternd und noch mit schwachen Knien aufrecht stand. Dabei brauchte es freilich irgendeinen Halt.

Ovid, Metamorphosen[5]

Der neue Weg: PhilosophInnen in die Chefetagen!

Es ist nicht zufällig, daß PhilosophInnen Einzug in die Chefetagen halten. Nachdenken erzeugt den Imperativ «Umdenken!». Im sinnlosen Durcheinander von Zielen, Mitteln, Werten und Ängsten haben viele die Ziele aus den Augen verloren und gleichzeitig die Anstrengung verdoppelt; ohne nennenswerte Ergebnisse. Sinnlosigkeit herrscht, Unternehmen fusionieren, scharenweise brechen Unternehmenskulturen zusammen und produzieren so Scherbenhaufen von Demotivation und Frustration.

Der Zustand zahlreicher Unternehmen spitzt sich drastisch zu; schnell muß gehandelt werden, will das Unternehmen überleben. Hier liegt die Chance für Frauen, mit ihrem Fähigkeitsvorsprung in die oberste Führungsetage zu gelangen und wertgestaltend zu wirken. Gertrud Höhler faßt den immer prekärer werdenden Zustand zahlreicher Unternehmensklimen anschaulich zusammen: «Die emotionale Kultur der Unternehmen ist Notstandsgebiet ... Intelligenz ist einäugig – der Firmen-IQ ist es auch. ... Die neue Ressource ist aber ein verborgener Kontinent. Emotionen kultivieren, das galt für jeden, der Karriere machen wollte als Gefahr. Vermintes Gelände, das Terrain, auf dem Frauen unberechenbar umherstreifen, gefühlsstark … das konnte ihr Areal nicht sein. … Emotionen, so glauben heute noch die meisten Entscheidungsträger, bringen Unberechenbarkeit in das Geschehen. Damit haben sie sogar recht – solange diese Emotionen unbearbeiteter Wildwuchs sind …»[6]

Eine Neubesinnung auf stabile Werte menschlichen Zusammenlebens und -wirtschaftens hat begonnen. Ebenso wird der Versuch, unser Gastrecht auf dieser Erde zu definieren, neu angegangen. Das funktioniert nur, wenn wir lernen, neue Fragen zu stellen. Wenn es dabei eine verläßliche Ausrichtung gibt, so die des «synergetischen Denkens». Synergetisches Denken steht im Gegensatz zum Systemdenken und ist eine Form des Denkens, die möglichst viele Einzelteile des Lebens zu einem kohärenten Verhalten als Ganzes bringen will. Ich gehe von der Hypothese aus, daß *weibliches Denken* ansatzweise synergetisches Denken ist (vgl. Kapitel 9: Neue Führungsansätze für die Unternehmenspraxis, S. 97), weil es stärker prozeß-, beziehungs- und interaktionsorientiert ist und somit gegenseitigen Wechselwirkungen Rechnung trägt. In solchen Räumen fallen Gegensätze zusammen und schaffen neue Möglichkeiten. Wir brauchen eine Ethik ganz simpler, tragfähiger Werte, die da heißen: Liebe, Ehrlichkeit, Offenheit, Wahrheit und Respekt vor dem Leben als klares Wegkommen des vollkommen pathologischen Imperativs «Du sollst Dir die Erde untertan machen!»

Der neue Weg: Re-Design von Wert- und Sinngeneratoren

Je virtueller unsere heutige Zeit wird, desto wichtiger wird dieser neue Weg. Unsere «High-Tech»-Kultur wird dieses werte Gepäck als Wettbewerbsvorteil verbuchen und der Lieferantin ihren Dank aussprechen. Gertrud Höhler schreibt hierzu: «Vertrauen, Glaubwürdigkeit und Verläßlichkeit, das sind Tugenden aus dem vertrauensvollen Werteset der freiheitlichen Gesellschaften. Sie erleben im globalen Netzwerk der Verständigungen, Absprachen und Geschäfte eine Dramatisierung, die nicht überrascht. Weltweite Kommunikation hebt unausweichlich die Standards der Werte und Ziele, in deren Schatten man kommuniziert, auf ein anspruchsvolleres Niveau: Sie müssen internationalen interkulturellen Anforderungen genügen. Jeder muß sich auf seinen Partner verlassen, die gestern noch

Feinde oder mindestens Fremde waren. (…) Vertrauenskulturen managen – eine globale Aufgabe, die den Unternehmen helfen könnte, ihre ethischen Standards ganz nebenbei einander so anzunähern, daß der Kulturen-Mix in Zukunft für weltweit pendelnde Mitarbeiter keine große Belastung mehr darstellt.»[7]

> *When a woman tells the truth she is creating the possiblity for more truth around her.*
>
> Adrienne Rich[8]

Eine der größten Erfolgsstrategien der Zukunft ist der Wertgenerator «Wahrhaftigkeit». Sie ist die Kunst, Wahrheit im Sinne eines authentischen, jederzeit integren, verantwortungsvollen und standfesten auf Sein (statt Schein) fokussierten Agierens zu leben. Für akrobatische Übungen auf dem Hochseil zwischen Schein und Entlarvung hat eine Gewinnerin weder Lust noch Zeit. Sie investiert ihre Wettbewerbsvorteile in eine Ethik ganzheitlicher Verantwortung und überholt dabei unzählige Kapitäne von mit Altlasten und schlechtem Gewissen beladenen Luxusfrachtern, die geradeaus auf eine Havarie zusteuern und danach für längere Zeit beschäftigt sein werden, irgendwelche Schuldigen zu suchen.

Werfen Sie die Menschen, die mit Wahrhaftigkeit wenig am Hut haben, kommentarlos aus Ihrem Leben. Sie fallen Ihnen in den Rücken, sobald Sie sich umdrehen. Und sie verfügen über ein zu großes Repertoire an Entschuldigungen, Ausflüchten, Opferrollen und Lügen, um Sie damit nicht zu langweilen und auszubremsen! Menschen, die so handeln, sind Verlierer. In jedem Fall verlieren sie die Würde vor sich selbst, selbst wenn sie schweigen. Adrienne Rich dazu: «Lying is done with words and also with silence» – solchen Umgang dürfen Sie nicht pflegen und nähren.

10-Punkte-Programm:

Was Sie tun können, um *Ethik* zur persönlichen Erfolgsstrategie zu machen.

Sie sind ...

1. **VERANTWORTUNGS-LEADERIN;** Sie nehmen und geben uneingeschränkt Verantwortung als Basis jeder persönlichen und geschäftlichen Beziehung und Zusammenarbeit weiter.

2. **BEZIEHUNGS-MANAGERIN;** Sie stiften und entwickeln Beziehungen zwischen Menschen unterschiedlichster Gruppierungen und Interessen.

3. **RAUM-KÜNSTLERIN;** Sie schaffen und erweitern Räume für Nachdenken, Brainstormings, persönliche Entwicklung, neue Produkte, Geschäftsbeziehungen, Kreativität, Familiengefühl, Problemlösung und Lebensqualität.

4. **FREI-DENKERIN;** Sie leben «ungebunden» und unbestechlich nach Ihren Prinzipien, Überzeugungen, Werten und Ihrer Mission. Authentizität verstrahlt inneres Charisma, dem wenige widerstehen können.

5. **UNBESTECHLICH UND INTEGER;** Sie leben Wahrheit und Wahrhaftigkeit, Direktheit, Transparenz, Unkorrumpierbarkeit, Idealismus und verbinden Gewinnoptimierung mit Verantwortung. Wahrheit ist die stärkste Waffe!

6. **WACH;** Sie bringen höchste Awareneß mit und lösen Ungelöstes mit klarem Blick und unbremsbarer schneller Handlung. Sie be-

obachten die Gesetzmäßigkeiten von Ursache und Wirkung. Sie handeln, wenn Unrecht geschieht. Wache Menschen wecken andere zum Leben.

7. **SINN- UND WERTGENERATORIN;** Sie schaffen Sinn und Werte, von denen Sie überzeugt sind und lassen sich dabei nicht beirren. Sinn-volle Menschen sind Geschenke und werden so behandelt.

8. **DIE SYNTHESE VON GEGENSÄTZEN;** Sie schaffen es, mit Ihrem Sein, Denken, Werten und Handeln scheinbare Gegensätze zusammenzubringen. Sie denken synergetisch-weiblich, stellen neue Fragen und kreieren neue Antworten. Menschen mit Ecken und Kanten, Chaos und Ordnung, Rückgrat und Kontroversen, Widerspruch und Konsens versprühen Lebendigkeit und Lust am Wachstum.

9. **KONSEQUENT;** Sie handeln sofort, wenn Ihre Werte korrumpiert werden. Sie machen öffentlich, worüber informiert werden muß. Konsequente, commitmentfähige Menschen haben große Leadership-Kraft und führen uns in die Zukunft.

10. **TCC-LEADERIN:** Sie leben «Take care and coach» mit allen Facetten Ihres Seins; Sie ergänzen Ihre geradlinige Erfolgsstrategie mit Fürsorge, Wachstumsbegleitung und Liebe gegenüber andern Menschen. Liebe und Wärme, Zugehörigkeit und Wohlwollen sind die hauptsächlichsten Motivationsquellen des Menschen.

Power-Tips:

Mein Ethik-Training starte ich jetzt für fünf Tage, indem ich mich zu folgenden Schritten verpflichte:

1. Tag: Wahr und authentisch sein

Eigenverantwortung und Eigenwille gehören zur Grundausstattung jedes Menschen.
Ich selbst habe es in der Hand, Entscheidungen zu treffen, ja und nein zu sagen, zu tun oder zu lassen. Diese Eigenverantwortung ist ultimativ, nicht delegierbar und beherrscht die Umstände meines Lebens. Ich kann es mir so leisten, mich selbst zu geben, wie ich wirklich bin und jederzeit wahr zu sein und die Wahrheit zu fordern.

Ich verfahre mit Wahrheit kompromißlos und bin es selbst 100prozentig. Ich gebe mich jeden Moment so, wie ich bin. Ich bin jederzeit authentisch. Ich leite andere dazu an. Ich bin wettbewerbsfähig, ohne mich an Kriegsspielen der Hierarchie und an Intrigen zu beteiligen.

2. Tag: Sinn-voll leben und leisten

Energie erhält der Mensch, wenn er sich auf dem Kreis entlang seiner eigenen Bestimmung bewegt. Von der Geburt bis zum Tod wird er gespeist vom göttlichen Turbo, der ihn bewegt, anleitet und korrigiert durch Leiden. Jeder Mißerfolg ist eine Aufforderung, einzuhalten und zu korrigieren, wo nötig.
Um sinnvoll leben zu können, ist die Suche nach der Erkenntnis über den Sinn des eigenen Lebens notwendig. Anderen Menschen bei ihrer Sinnfindung zu helfen ist ein elementarer Bestandteil der eigenen Sinnsuche. Toleranz, Respekt und Verantwortung gegenüber anderen sind die Etappen auf dem Weg dorthin.

Ich schreibe mir heute während mindestens 30 Minuten auf, welche größten Erfolge und schmerzhaftesten Mißerfolge in meinem Leben ge-

schehen sind. Ich suche den roten Faden in beidem und fasse die Erkenntnis in je einem Satz schriftlich zusammen. Ich komme heute ein Stück weiter in meiner Frage nach meinem Sinn in meinem Leben.

3. Tag: Frei sein

Mißerfolg ist ein Geschenk der Korrektur. Indem ich Fehler mache, erlebe ich das Gefühl und das Sensorium für meine individuelle Mission. Mißerfolg führt mich am schnellsten zum Ziel, sofern ich den Mut habe, sofort zu korrigieren.

Ich korrigiere die drei wichtigsten sofort korrigierbaren Dinge in meinem Leben, die mich leiden und gebunden fühlen lassen. Ich erstelle einen Aktionsplan mit Termin und Kontrollmöglichkeiten.

4. Tag: Mütterlich sein

Meine Liebe ist mütterlich, fürsorglich, umsorgend, erotisch und gleichsam selbstgenügend. Jeder Erfolg basiert auf diesem Gesetz. Ohne Liebe kein Erfolg, keine Erfüllung, kein Sinn.

Heute lebe ich Mütterlichkeit, Fürsorge, Dasein, Geborgenheit und Fülle. Ich schenke und werde dadurch viel geschenkt bekommen. Ich experimentiere damit und finde meine Alchemie, wie ich mütterlich und zugleich durchsetzungsstark, entscheidungsfreudig und «tough» sein kann. Dies schreibe ich mir am Abend in mein Erfolgsjournal.

5. Tag: Wach sein

Nur durch konsequente Lebensführung gelingt es mir, zu wachsen. Jeder Moment der Saturiertheit wirft mich zurück.

Ich lebe jeden Moment des heutigen Tages bewußt, konsequent und hellwach. Ich gehe zielstrebig durch meine Tagesgestaltung. Ich sammle Erkenntnisse und gebe sie weiter. Ich freue mich darüber, wenn ich am Abend nicht mehr dieselbe Frau bin wie am Morgen!

Leben Sie für volle fünf Tage diese Power-Statements und tragen Sie Ihre Ergebnisse und Erfolgserlebnisse jeden Abend in Ihr Erfolgsjournal ein! Ich wünsche Ihnen wunder-volle Ergebnisse!

Erfolg läßt sich langfristig nur auf dem Boden der Ethik erzielen.

> *Man kommt nicht als Frau zur Welt, man kann sie nur werden.*
>
> Simone de Beauvoir

Anmerkungen

1 vgl.Gilgen, Ruth, *Guy Kirsch: Die Ambivalenz der Bewertung aushalten,* in: Universitas Friburgensis, Oktober 1997.

2 Pieper, A./Thurnherr, U., *Angewandte Ethik,* Beck, München, 1998, 7ff. Vgl. auch: MacIntyre, A., *Der Verlust der Tugend. Zur moralischen Krise der Gegenwart,* Frankfurt a. M./New York, 1987.

3 Koslowski, P., *Prinzipien der Ethischen Ökonomie. Grundlegung der Wirtschaftsethik und der auf die Oekonomie bezogene Ethik,* Tübingen, 1994.

4 Rubin, Harriet, *Machiavelli für Frauen. Strategie und Taktik im Kampf der Geschlechter,* Krüger, Frankfurt am Main, 1998, 41.

5 Ovid, *Metamorphosen,* Artemis, Zürich, 1989, 370 f.

6 Höhler, Gertrud, *Herzschlag der Sieger, Die EQ-Revolution,* Econ, Düsseldorf/ München, 1997, 42.

7 Höhler, Gertrud, ebenda. 12–20.

8 Zit. aus: Wilson Schaefer, Anne, *Meditations for Women Who Do Too Much,* Harper, San Franciso, 5. September 1990.

3.
Selbstverantwortung pur: Urheberin statt Opfer

Nichts kommt einen Menschen so teuer zu stehen, wie die Opfer, die ein anderer für ihn bringt.

Jules Romain

Man könnte es sehr philosophisch ertasten; ich mache es kurz und stelle die Frage: Haben Sie schon bemerkt, daß unsere kindliche Verspieltheit eine große Präferenz hat: das Spiel von Opfer und Täter und damit das Spiel von Schuld und Sühne. Es ist die Dramaturgie von daraus kreierten Abhängigkeiten, schlechtem Gewissen, Rache und Zorn. So simpel gestrickt sind die Muster, nach denen unser Privat- und Geschäftsleben funktioniert. Und nichts, aber gar nichts, entsteht daraus, was fruchtbaren Boden für Gewinn bringen könnte.

Wir Frauen (und Männer) haben uns im Verlaufe der Geschichte eine Betrachtungsweise angeeignet, die uns klein macht und klein hält, die uns zum fortlaufenden Opfer der Umstände macht und mit der wir fortlaufend Abhängigkeiten erhalten und schaffen.

Der Opfer-Täter-Standpunkt ist die eingeschliffene Betrachtungsweise, die wir alle tendenziell leben. Das Spiel um Täterschaft und Opfer gehört sozusagen zur Lieblingsbeschäftigung aller Lebensmüden, vom Leben Gezeichneten und allen, die es dem Rest der Welt zeigen wollen. Wir alle sind verstrickt in diese Rollen, die sich alternieren, die uns stets fühlen lassen, wer wir sind und uns niemals wirklich frei sein lassen. Wir brauchen für dieses Spiel stets einen Gegenpol und werden, nach den Spielregeln unserer eigenen Muster, zu Wiederholungstätern. In diesem zermürbenden, dämpfenden Spiel bleiben immer nur Verliererinnen und Verlierer zurück. Diese beklagen sich über Umstände und andere Menschen, die ihnen stets das Gute verhindern, wo sie doch so sehr über sich hinauswachsen könnten. Dieses Spiel ist eine Tragödie der gegenseitigen Verhinderungen und Behinderungen und findet erst dann ein Ende, wenn wir einen neuen Standpunkt einnehmen.

Neuer Standpunkt: Urheberin!

Diesen Standpunkt einzunehmen bedeutet die radikale Befreiung von Schuld und Schuldzuweisung. Sie werden sofort befreit von Abhängigkeiten und übernehmen zu 100 Prozent Selbstverantwortung für alles, was Sie schaffen, tun, sind und lassen.

Diesen Standpunkt einzunehmen bedeutet Arbeit und das Ende der Komfortzone. Es ist unbequem, niemandem mehr die Schuld für Umstände und Befindlichkeiten zu geben, um dafür zu wissen, daß wir allein verantwortlich für sämtliche Umstände unseres Lebens sind. Dies ist der Beginn einer wunderbaren Freundschaft mit sich selbst. Und – nota bene – mit anderen Menschen.

Ich lade Sie ein zu einem Standpunkt-Training, von dem aus Sie Ihr Leben nochmals anders betrachten können. Sie werden bemerken, wie Sie die ersten Schritte auf vielleicht noch etwas unbekanntem Land ohne Landkarte machen können. Sie werden Freiheit, Visionskraft und Lebensfreude ernten.

Power-Tips:

Heute ist mein Tag der SELBSTVERANTWORTUNG, indem ich mich zu folgenden Schritten verpflichte:

- *Ich erstelle mir eine Liste von Menschen, denen ich bis heute die Schuld für unbefriedigende Umstände in meinem Leben gab. Ich schreibe hinter jedem Namen in einigen Stichworten auf, was die Schuld des Betreffenden aus meiner bisherigen Sicht ist.*

- *Nun lese ich diese Liste durch und stelle mir die Frage, wo ich in jedem einzelnen Fall keinen Beitrag zu einem glücklichen Ausgang/ Ergebnis geleistet habe und notiere mir hierzu ebenfalls einige Stichworte.*

- *Ich überlege mir, wie ich diese Versäumnisse korrigieren kann und formuliere dazu meine wichtigste Aktion und den Zeitpunkt der Realisierung. Dann notiere ich zu jedem Punkt meine Einsicht.*

- *Heute werde ich den ganzen Tag kein Opfer-Täter-Spiel führen. Ich übernehme zu 100 Prozent Selbstverantwortung und werde mich immer sofort entscheiden, was ich jetzt tun kann, um meinem Ziel näher zu kommen.*

- *Ich nehme mit mindestens zwei Menschen Kontakt auf (schriftlich, telefonisch, mit E-Mail usw.), die mir etwas bedeuten und zu denen eine Beziehungsunterbrechung besteht, weil wir das Opfer-Täter-Modell gespielt haben. Ich werde 100 Prozent geben, den Unterbruch zu beenden und als Urheberin der neuen Situation Hand zu reichen. Ich bin damit ein Empowerment für andere.*

- *Ich werde keine Opfer kreieren, sondern auch mein Gegenüber jederzeit auf den Standpunkt des Urhebers setzen. Ich handle und spreche so, daß andere Menschen ihren Standpunkt bewahren können und respektiere bewußt Andersdenkende und -handelnde.*

- *Heute lebe ich als Urheberin 100 Prozent meiner Eigenregie; ich jammere nicht, beklage mich nicht, lasse mir kein schlechtes Gewissen machen, sondern lebe mein Gewissen, meinen Selbstrespekt und sage nein, wenn ich nein meine. Ohne Wenn und Aber. Ohne Rechtfertigung. Ohne Erklärung, wo ich sie nicht geben will.*

Standpunkt – Training in der Führungsarbeit

Schaffen Sie eine Kultur des Vertrauens und der Verbindlichkeit! Schaffen Sie eine Kultur der 100prozentigen Selbstverantwortung! Seien Sie MotivatorIn und BeziehungskünstlerIn. Seien Sie auch Vertrauensperson und Ziel-Coachin jedes einzelnen. Wenn Sie als Coach führen, verstehen Sie es, die Selbstverantwortung jedes einzelnen Mitarbeitenden schrittweise auf 100 Prozent zu steigern!

Akzeptieren Sie ab sofort keine «Jeins», keine Ausreden, Ausflüchte und Rechtfertigungen. Setzen Sie sich mit Ihren Mitarbeitern und Mitarbeiterinnen zusammen und formulieren Sie schriftliche Vereinbarungen: große, inspirierende (Wachstums-)- Ziele, formuliert in der Sprache der GewinnerInnen. Feiern Sie mit Ihren Leuten stets ausgiebig, wenn Etappenziele erreicht wurden! Und legen Sie sodann neue Ziele fest.

Power-Tips:

Heute ist mein LEADERSHIP-TAG, indem ich mich zu folgenden Schritten verpflichte:

- *Ich mache jedem Mitarbeitenden den Standpunkt der Selbstverantwortung klar und führe ein Brainstorming durch, in welchem alle Teilnehmenden darüber nachdenken, was sie konkret ändern können, um selbsverantwortlich zu handeln. Wir definieren dann gemeinsam zehn Spielregeln, die ab sofort gelten.*

- *Ich akzeptiere keine Ausreden, Ausflüchte und Rechtfertigungen. Vielmehr frage ich nach Verantwortung und verlange konkrete Maßnahmen.*

- *Ich übergebe Verantwortung und delegiere ohne Wenn und Aber, was delegierbar ist. Ich bin mir bewußt, daß jetzt Fehler entstehen. Diese Fehler sind Teil der lernenden Organisation, der ich das jetzt ermögliche.*

- *Ich führe mit Fragen und verlange jederzeit Lösungen für Probleme. Ich vereinbare Termine und Verantwortlichkeiten.*

- *Ich bilde eine Kerngruppe, die meine Grundhaltung stützt und verbreitet. Wir legen eine verbindliche Arbeitsform fest.*

4.
Traumhaft erfolgreich: «Visions-Management»

Der Mensch hat zwei Aufgaben in dieser Welt. Die eine ist das Gestalten der Welt in der Tat. Die andere ist die Reifung auf dem inneren Weg.

Graf Dürkheim

Männer nennen sie Visionen, Frauen Träume. Gemeint sind die zarten Blumen, die letztlich schlagkräftiger sind als sämtliche Armeen dieser Welt. Sie entstehen aus Unzufriedenheit und Pioniergeist, Lebensfreude und Unternehmertum. Die menschliche Entwicklungsgeschichte ist geprägt von Menschen, die sich nicht an dem orientierten, was «realistisch» und «normal» war, sondern die sich entschlossen, diese «Realität» zu verändern. Mit welchen Eigenschaften lassen sich Träume materialisieren? Welche Fähigkeiten verbinden Menschen, die ihre Visionen verantwortungsvoll verwirklichen?

Erfolgsfaktoren von erfolgreichen «Visions-ManagerInnen»:

- **Sie sind UNZUFRIEDEN und deshalb AKTIV im geistigen Gestalten ihrer Zukunft!**
- **Sie BLICKEN NACH VORN, Vergangenheit ist vergangen!**
- **Sie haben GLASKLARE Visionen und Träume!**
- **Sie sind davon so sehr BESEELT, daß sie diese selbst schon SIND!**
- **Sie managen ihre Visionen und Träume als PROJEKTE!**
- **Sie halten sich bei der Umsetzung verbindlich an ihre PROJEKT-PLÄNE !**
- **Sie haben so große Träume und Visionen, daß Sie daran WACHSEN können!**
- **Sie wissen, daß Sie URHEBERINNEN ihres Lebens sind!**

- Sie verstehen sich als «Lebens-UNTERNEHMERINNEN»!
- Sie GLAUBEN AN SICH SELBER!
- Sie haben klare ETHISCHE und VERANTWORTLICHE Handlungsparameter!
- Sie sind direkt und klar in ihrer LEBENSFÜHRUNG!
- Sie handeln mit RESPEKT und INTEGRITÄT!
- Sie MÖGEN MENSCHEN und verhalten sich SOZIALKOMPETENT!
- Sie sind UNBESCHEIDEN und MUTIG!
- Sie sind RISIKOFREUDIG!
- Sie GEBEN ALLES, um dahin zu gelangen!
- Sie GEBEN NIEMALS AUF!
- Sie sind Menschen mit STANDPUNKTEN!
- Sie pflegen den UMGANG mit anderen VisionärInnen und TräumerInnen!
- Sie umgeben sich mit GEWINNERINNEN UND GEWINNERN!
- Sie pflegen ein KREATIVES UMFELD mit Quer- und Andersdenkenden!
- Sie LERNEN täglich dazu und stehen niemals still!
- Sie nehmen ANDERE dahin mit!
- Sie gebären STETS NEUE Träume und Visionen!
- Sie erleben die WELT ALS EXPERIMENTIERFELD eigener unlimitierter Möglichkeiten!
- Sie SCHAFFEN LEBENSSINN – AUCH FÜR ANDERE!
- Sie SCHAFFEN BLEIBENDE WERTE und LEBENSQUALITÄT auch für andere!
- Sie BILDEN SICH WEITER!
- Sie sind KREATIV und WILD!
- Sie sind DISZIPLINIERT!
- Sie sind NEUGIERIG und WISSBEGIERIG!
- Sie kennen keinen «Zeit-Vertreib» und NUTZEN JEDEN MOMENT für Ihre Ziele!
- Sie sind VERSPIELT wie Kinder und LIEBEN DAS LEBEN!
- Sie LÖSEN PROBLEME als Herausforderung und sehen sie als Möglichkeit, um daran zu wachsen!

- *Sie bleiben UNZUFRIEDEN UND sind gleichzeitig DANKBAR für alles, was Sie geschenkt erhalten!*
- *Sie anerkennen, daß es eine HÖHERE MACHT und GEISTIGE GESET-ZE gibt und handeln entsprechend.*

> *Die meisten Menschen überschätzen, was sie in einem Jahr erreichen können und unterschätzen, was sie in zehn Jahren erreichen können.*[1]
>
> Bodo Schäfer

Wie steht es mit Ihren Träumen?

Kennen Sie Ihre Visionen und Träume, kennen Sie alle oder nur einige? Ihre Bekanntschaft zu machen ist eines der abenteuerlichsten Erlebnisse unseres Lebens. Wir haben sie als Geschenk erhalten und können uns nur selbst daran hindern, aus falscher Bescheidenheit ohne sie zu leben. Verlieren Sie keine Zeit, denn manche Träume und Visionen brauchen ebenso ihre Zeit, um sich zu materialisieren! Vielleicht blicken Sie etwas wehmütig auf diese Seiten und stellen sich die Frage, wie Sie es sich leisten können, innerhalb eines vielleicht sehr stark strukturierten Lebens mit vielen Verpflichtungen noch zu träumen. Lesen Sie unbedingt weiter! Es gibt die vielzitierte Strategie der «kleinen Schritte»! Sie sind durchaus in der Lage, einen kleinen ersten Schritt zu Ihrem Traum hin zu unternehmen. Allein diese Bewegung wird in Ihnen viel Lebenskraft und Lebendigkeit auslösen und Sie ermutigen, in Ihrem Tempo weitere kleine Schritte zu machen! Bach hat in seinen «Illusionen» geschrieben: «Niemals wird Dir ein Wunsch gegeben, ohne daß dir auch die Kraft verliehen wird, ihn zu verwirklichen. Es mag allerdings sein, daß du dich dafür anstrengen mußt.»[2] Vielleicht halten Sie sogar mit Ihrem Partner, Ihrer Familie und Ihren Mitarbeitenden eine «Traumsitzung» und sammeln miteinander wilde, große, kleine, unbescheidene und unmögliche Träume. Es ist mitunter eine der schönsten Möglichkeiten, sich auch innerhalb von langjährigen Bindungen wieder neu zu entdecken und miteinander sogar Träume zu teilen!

Gehen Sie noch heute los und holen Sie Ihre Träume aus den Dunkelkammern Ihrer Seele. Geben Sie jedem einzelnen Traum einen Namen und die

Hand. Träume sind die besten Freunde und powervollsten Kooperationspartnerinnen Ihres Lebens. Schaffen Sie ihnen Arbeitsplätze und pflegen Sie diese mit höchster Wachsamkeit und Liebe!

> *Those who lose dreaming are lost.*
>
> Australian Aboriginal proverb[3]

Als Vorbereitung auf das nächste Kapitel lade ich Sie ein, zu träumen. Schreiben Sie sich alle Erkenntnisse auf und hören Sie nie mehr auf, weiterzuträumen.

Power-Tips:

Heute ist mein VISIONS-TAG, indem ich mich zu folgenden Schritten verpflichte:

- **Ich setze mich auf eine Bank im Wald. Ich träume mein Leben bewußt rückwärts und stelle mir vor, daß ich 80jährig bin. Was will ich von meinem Leben sagen können? Wer bin ich gewesen, was habe ich erreicht? Welche Menschen haben mich begleitet, welchen Fingerabdruck hinterlasse ich auf dieser Welt? Ich schreibe mir jeden Gedanken auf. Ich schenke mir für diesen Traum mindestens 60 Minuten.**

- **Ich erstelle eine Prioritätenliste meiner Träume. Ich beginne heute noch mit der Umsetzung desjenigen Traumes, der mich am meisten inspiriert und werde aktiv.**

- **Ich stelle drei Menschen, denen ich vertraue, die Frage, welche Fähigkeit und Stärke sie an mir am meisten schätzen. Ich schreibe mir alle Antworten auf und freue mich darüber.**

- *Ich beginne, in ein Traumbuch all jene Bilder, Symbole und Ge-danken zu schreiben, die mir visuell immer wieder ins Gedächtnis rufen, was ich mir so sehr wünsche. Ab sofort blättere ich jeden Tag darin und wachse so in mein Traumleben hinein. Ich weiß, daß ich mit diesem spielerischen Akt die Materialisierungs-Energie täglich in mein Leben hole und damit auch meinen Traum.*

- *Ich suche ein Lied aus, das ich mit meinem Traumbuch in Ver-bindung bringe. Dieses Lied höre ich mir täglich mehrmals an und kopple es gedanklich und gefühlsmäßig mit meinem Traumbuch. Das Lied ist noch «frei» in meinem bisherigen Erfahrungsschatz und kann von mir für mein Traumbuch ohne jede andere Erinnerung genutzt werden.*

Du fragst mich nach dem Sinn des Lebens. Du sollst eine Antwort auf Deine Frage bekommen: Der Sinn des Lebens ist, dem Leben einen Sinn zu geben.

Ron Gibson, «Gespräche mit Gott»[4]

Was also ist Wahrheit?
Eine bewegliche Armee von Metaphern –.

Friedrich Nietzsche[5]

Anmerkungen:
1 Schäfer, Bodo, *Die Gesetze der Gewinner,* Schäfer, Köln, 1998, 118.
2 Bach, Richard, *Illusionen,* Berlin, Ullstein, 1991.
3 Zit. aus: Wilson Schaefer, Anne, *Meditations for Women Who Do Too Much,* Harper San Francisco, 3. September 1990.
4 Gibson, Ron, *Gespräche mit Gott.*
5 Zit aus: Draaisma, Douwe, *Die Metaphern-Maschine. Eine Geschichte des Gedächt-nisses.* Darmstadt, Primus, 1999.

5.
Brainpower: Neue Fragen, neuer Kontext

Ich verlasse die Komfortzone der Bescheidenheit und verabschiede meine Opferrolle, den Schutzraum des Bekannten, des Selbstbedauerns und des Tretens am Ort.

Sie beginnen damit, Ihren Auftrag in dieser Welt auszuleuchten und Ihre individuelle Sinngebung zu erfüllen. Jeder Mensch hat seine Mission in dieser Welt. Sich dieser Mission durch Ausharren im Begrenzten zu entziehen, kann oft in Krankheit, Depression und Leiden enden. Das Wünschen ist deshalb jedem in die Wiege gelegt worden und eine imperative Aufforderung, das zu tun in diesem Leben, was ich zu tun habe, wozu ich da bin. Wenn ich als Frau zur Unbescheidenheit aufbreche, werde ich mit einer lebensbedrohlichen Sache konfrontiert: mit meinem Netto-Wert als Frau!

Das braucht Mut. Stellen Sie sich vor, wer Sie sind, wenn Sie alle Visitenkarten, Titel, Statussymbole und Äußerlichkeiten beiseite lassen. Welcher Mensch, welche Frau blickt Ihnen entgegen. Stellen Sie es sich mit all Ihren Ängsten, Schwächen und Unzulänglichkeiten vor, mit all Ihrem Lebenshunger, Ihrer Abenteuerlust, Ihren Stärken und Träumen.

Erfolgsstrategie: Denken Sie sich in die Zukunft!

Ich bin, was ich von mir denke! Und zwar in letzter Konsequenz. Sie haben sich Ihr Leben und Ihr Sein so konstruiert, wie Sie über sich selbst denken. Sie verdienen soviel Geld, wie Sie glauben, es wert zu sein. Sie haben den Partner, den Sie für sich selbst als würdig erachten. Sie haben den beruflichen Status, den Sie für sich als adäquaten ausgesucht haben. Sie haben die Probleme, die Sie für sich definiert haben. Sie haben mit anderen Worten all das, was Sie selbst bestellt haben. Ihr Gefühl für Ihren Netto-Wert hat aus Ihnen das gemacht, was Sie in diesem

Moment sind, tun und haben. Und Sie haben es jederzeit in der Hand, mit der Disziplin Ihres Denkens Ihre Prioritäten stets neu zu setzen, sich selbst den Stellenwert zu geben, den Sie verdient haben. Sie haben es in der Hand, sich Menschen auszusuchen, die Sie schätzen und das Geld zu verdienen, das Sie wirklich wert sind. Das braucht nochmals Mut; den Mut nämlich, alle Register und Etikettierungen außer acht zu lassen, die Sie zurückhalten, ausbremsen und gedämpft leben lassen.

Gehen Sie davon aus, daß es keine gültigen Antworten gibt. Stellen Sie aus dieser Haltung heraus neue Fragen. Werden Sie zur Artistin des Fragenstellens! Räumen Sie auf mit Etikettierungen und simplen Lebensweisheiten. Streifen Sie jedes Korsett, das Sie zuschnürt, ab. Werfen Sie alle ausbremsenden Überzeugungen aus Ihrem Leben, ganz besonders die negativen Gedanken über sich selbst.

- Handeln Sie stets so, als seien und hätten Sie bereits, was Sie träumen.
- Behandeln Sie andere ebenfalls so, als wären sie bereits, was Sie sich von ihnen erträumen.

Diese Erfolgsstrategie prägt Ihre Überzeugungen und stärkt die aktive Gestaltung Ihrer Zukunft.

Das Bild dazu: Sie halten ein Glas in der Hand. Dieses Glas stellt eine Ihrer Überzeugungen dar. Beispielsweise sind Sie davon überzeugt, als Führungskraft im männlichen Umfeld stets kämpfen zu müssen. Sie werden nun in jeder Minute Ihrer Tätigkeit unbewußt damit beschäftigt sein, Beweise dafür zu sammeln, daß Ihre Überzeugung stimmt. Jeden Beweis füllen Sie in dieses Glas hinein und bestätigen sich so fatalerweise immer wieder, daß Ihre Überzeugung stimmt!

Erfolgsstrategie: Erkenne Dich selbst!

1. Diagnostizieren und verabschieden Sie alte, ausbremsende Überzeugungen und Meinungen von sich selbst. Achten Sie genau, wann Sie was über sich und andere denken und sagen! Sammeln Sie Ihre Erkenntnisse während eines Tages schriftlich!

2. *Streichen Sie diese zuerst aus Ihrem Vokabular («Das kann ich nicht!») und dann aus Ihrem Denken (Opferhaltung!). Gehen Sie davon aus, daß Sie alles können, wenn Sie es wirklich wollen! Wenn Sie nicht können, wollen Sie nicht (Ausrede!). Seien Sie ehrlich mit sich selbst!*

3. *Formulieren Sie neue inspirierende, positive Überzeugungen, mit denen Sie künftig durchs Leben gehen wollen. Tun Sie das schriftlich und arbeiten Sie damit!*

4. *Notieren Sie diese positiven Überzeugungen stets in Form von schriftlichen Vereinbarungen mit sich selbst (Commitments)!*

Andere behandeln mich so, wie ich überzeugt bin, behandelt werden zu müssen!

Diese These ist kompromittierend für Menschen, die das Opfer-Täter-Spiel lieben. Stellen Sie sich vor, Sie sind während der Dauer eines Tages auf Sendung. Die von Ihnen gewählte Frequenz liefert Ihnen die Menschen, die auf derselben Frequenz liegen. Und diese Menschen liefern Ihnen wiederum laufend Feedbacks, die Sie bestellt haben, kraft Ihrer Überzeugung zu sich selbst! Sollten Sie sich also mit Mitmenschen und Umständen herumärgern, die Sie krank, müde und energielos machen, müssen Sie selbst Ihre Frequenz ändern. Dies bedingt einmal mehr einen Willensakt, an den Disziplin und der unbändige Wunsch, ein erfülltes Leben zu leben, gekopppelt sein müssen. Sie müssen Ihre Einstellung zu sich selbst ganz genau prüfen. Schreiben Sie nieder, wie Sie behandelt werden möchten. Geben Sie diese Wunschliste als Bestellung an Ihre Umwelt auf und warten Sie damit keinesfalls bis Weihnachten!

Eine Klientin, die mit ihrem Liebhaber auf Kriegsfuß stand, spürte, nach einer Reihe von Unfällen, Wohnungs- und Autoeinbrüchen und schließlich zwischenmenschlichen Konfliktsituationen, Ihre Negativ-Energie. Sie hatte den Bogen so weit gespannt, daß ihr Negativ-Umfeld geradezu magnetisch Negatives in ihr Leben aufsog. Mit einem klaren Entscheid, fortan keine weiteren Lebenstage mit vermeidbaren Ärgernissen zu verbringen, änderte sie aus der Klarheit ihrer Erkenntnis heraus und mit einem unmißverständlichen Commitment ihr Leben radikal. Sie änderte ihren Fokus, ihre Frequenz und ihre Überzeugungen, bändigte ihre negativen Emotionen und erlebte wunderbare Überraschungen. Diese Klientin war in einem Moment der Klarheit zurück ins Leben gekehrt und bereit, sich dem Guten, Wundervollen und Schönen zu öffnen. Sie wollte und sie tat es.

> *Liebe oder Karriere? Ich würde das eine nie dem andern opfern. Ich will beides.*
> Marisa Berenson

Erfolgsstrategie: Entwerfen Sie einen powervollen Kontext!

«Kontext» ist ein Schlüsselbegriff in der Bewußtseinsforschung und wird definiert als «Wissensquelle, die unsere bewußten Erfahrungen prägt, ohne selbst bewußt zu sein».[1] Zum Kontext gehören auch Erwartungen und Absichten. Unbewußte Kontexte gestalten mit mächtiger Hand unsere Erfahrungen, die wir täglich machen. Baars[2] unterscheidet in seinen neurowissenschaftlichen Erkundungen vier häufige Anhaltspunkte dafür:

1. Priming/kontextsetzender Effekt – eine bewußte Erfahrung verändert den mentalen Kontext künftiger Erfahrungen.

Praxisbeispiel: Eine Frau macht die Erfahrung, daß Sie als Referentin bei ihrem Publikum nicht ankommt. Sie hat das Gefühl, versagt zu haben. Diese Erfahrung prägt sie, indem sie künftig davon ausgeht, «öffentlich nicht reden zu können.»

2. Fixiertheit – eine unbewußte Kontext-Annahme behindert die Lösung eines Problems.

Praxisbeispiel: Eine Frau ist überzeugt, daß sie als Frau im Berufsleben stets diskriminiert wird. Sie sammelt Beweise dafür und findet sie selbstverständlich zur Genüge. Da sie mit ihrer Beweislast vollkommen fixiert ist auf ihre Überzeugung, resigniert sie und ist paralysiert, Lösungen für konkrete Probleme in Sachen Gleichstellung zu finden.

3. Erwartungen – unsere bewußten Erfahrungen prägen jedes unbewußte Ereignis.

Praxisbeispiel: Eine Frau erlebt, wie sich ihr Ehemann mit ihrem beruflichen Erfolg schwertut und erfährt wenig Unterstützung, dafür um so mehr den Vorwurf, daß sie zuwenig Zeit für ihn habe. Mit jedem zusätzlichen Erfolg erwartet sie deshalb mehr und mehr Respektlosigkeit. Diese Erwartungen prägen künftige Ereignisse in dem Maß, wie diese Frau wiederum für ihre Überzeugung Beweise sammelt. Sie wird sie finden und sich darin bestätigt fühlen.

4. Enttäuschte Erwartungen – können helfen, daß uns ein Teil unseres unbewußten Kontextes bewußt und benennbar wird.

Praxisbeispiel: Eine Frau hat soeben eine sorgfältig vorbereitete Präsentation vor dem Vorstand ihres Unternehmens gehalten. Ihr Partner hat miterlebt, wieviel Zeit, Energie und Engagement sie für diesen Moment investiert hat. Ihr Auftritt war ein Erfolg und sie kann es nicht erwarten, am Abend diesem Partner davon zu erzählen. Sie erwartet von ihm, daß er ihren Enthusiasmus, ihre Freude und ihren Erfolg mit ihr teilt und feiert. Doch abends vergißt der Partner, sie danach zu fragen und erklärt sich als zu müde, um davon noch sprechen zu wollen. Seine Antwort lautet: «Morgen erzählst Du mir dann alles, o.k.?» Sie ist enttäuscht und fühlt sich nicht ernstgenommen. Diese Frau erkennt jetzt, in welchem Kontext sie ihren Partner bis zu diesem Moment gesehen hat und wird jetzt den Kontext aufgrund der neuen Erfahrung ändern. Dieser Priming-Effekt setzt den Rahmen für einen neuen Kontext, der lauten könnte: «Mein Partner interessiert sich nicht wirklich für mich» oder «mein Partner heuchelt mir Interesse an meinem beruflichen Erfolg vor, er ist nicht vertrauenswürdig» oder «mein Partner ist kein wirklicher Partner.» (Der Ärmste weiß zu diesem Zeitpunkt nicht, wie er sich möglicherweise aus dem Herzen seiner Partnerin selbst herausmanövriert hat. Er wird seinen Kontext über sie vermutlich auch bald ändern müssen…!)

Erfolgsstrategie: Neue Erfahrungen machen!

Diese wenigen Beispiele zeigen, wie sehr wir gefangen sind in unseren Kontext-Gefängnissen, solange wir ihre Struktur nicht durchschaut haben. Jederzeit nämlich sind wir in der Lage, sie zu erkennen, zu benennen und zu verändern. Letztlich sind viele unserer Kontexte auch die leidvolle Nabelschnur zu Vorurteilen, Engstirnigkeiten, Kleinmütigkeiten und Konflikten.

Eine einfache und wirkungsvolle Methode zur Durchbrechung dieses Gefängnisses besteht darin, ganz wach durch den Tag zu gehen und mit diesem Wissen zu experimentieren:

1. *Überwachen Sie Ihre Erwartungen: Schreiben Sie Ihre Erwartungen an wichtige Menschen und Dinge in Ihrem Leben auf!*
2. *Benennen Sie Ihre enttäuschten Erwartungen, um mehr über Ihren Kontext zu einer Sache zu erfahren.*
3. *Beleuchten Sie Ihre Überzeugungen besonders dann, wenn Sie mit Negativ-Erfahrungen verbunden sind.*
4. *Ersetzen Sie unbrauchbare, negative Überzeugungen, indem Sie in Form von verbindlichen Sätzen neue, powervolle und positive Commitments formulieren, mit denen Sie neue, powervolle und positive Erfahrungen machen wollen!*

Wenn Sie Ihre Commitments täglich wiederholen und laut aussprechen, so daß eine allmähliche Programmänderung in Ihrem Unterbewußtsein geschieht, werden Sie sofort Beweise für ihre Funktionstüchtigkeit erhalten. Durch die Disziplin der konstanten Wiederholung und des laut Aussprechens Ihrer Commitments transformieren sich Ihre negativen Überzeugungen zu positiven und schaffen großartige Durchbrüche. Notieren Sie diese in Ihrem täglichen Erfolgsjournal!

Damit geben Sie Ihrem Unterbewußtsein die Sicherheit, daß Ihre Programmänderung funktioniert. Sie werden reichlich belohnt werden!

Hier folgt Ihre Übung:

Nehmen Sie sich 30 Minuten Zeit. Überlegen Sie, welche drei Negativ-Überzeugungen zu sich selbst die größten Bremsklötze für Ihre Träume sind.

Schreiben Sie diese in die linke Spalte. Sodann formulieren Sie rechts Ihre neue, positive und powervolle Überzeugung, die Sie ab sofort leben wollen und für die Sie bereit sind, ab sofort Beweise zu sammeln.

Ausschneiden, kopieren, auf mir tragen!

Alte (negative) Überzeugung (für die ich bisher Beweise sammelte)	Neu: Meine Power-Commitments (für die ich ab sofort Beweise sammle und in mein Erfolgs-journal notiere)
Ich…	Ich…
Ich…	Ich…
Ich …	Ich…
Ich …	Ich…
Ich…	Ich…

Seien Sie bereit, Wunder-Volles erleben zu dürfen. Legen Sie Ihre drei neuen Überzeugungen in jeden Winkel Ihres Lebens, lesen Sie sich diese täglich viele Male laut vor, tragen Sie sie auf sich. Halten Sie die Disziplin, solange damit zu arbeiten, *bis Sie diese neuen Überzeugungen sind!*

Power-Tips:

Heute ist mein KONTEXT-TAG, indem ich mich zu folgenden Schritten verpflichte:

- **Ich arbeite ab sofort solange täglich mit meinen Power-Commitments, bis ich diese Commitments selbst bin!**

- **Ich gestatte mir nie mehr, zu sagen: «Das kann ich nicht!» Ich gehe davon aus, daß ich alles kann, wenn ich wirklich will! Ich bin also ehrlich mit mir selbst und den andern.**

- **Ich schreibe meine wichtigsten Erwartungen an die drei wichtigsten Menschen in meinem Leben auf und spreche mit ihnen innert 72 Stunden darüber. Ich werde danach auch wissen, welche Erwartungen sie an mich haben.**

- **Ich notiere mir heute enttäuschte Erwartungen und schreibe auf, was diese mir über den Kontext meiner Erwartung sagen.**

- **Mache ich eine Negativ-Erfahrung, so nehme ich mir umgehend ein paar Minuten Zeit, um aufzuschreiben, mit welcher Überzeugung ich an die Sache gegangen bin. Ich schreibe mir meine neuen Commitment-Sätze zusätzlich in die Tabelle in diesem Kapitel.**

Vision ist die Kunst, unsichtbare Dinge zu sehen.

Jonathan Swift

Erfolgsstrategie: Kosten-Nutzen-Analyse zuerst!

Was kostet Ihr Aufbruch? Wieviel Zeit, Geld, Nerven und Beharrlichkeit wird die Umsetzung Ihres Traum-Projektes kosten? Was kostet es Sie an persönlicher Stärke, wenn möglicherweise Menschen in Ihrem Umkreis negativ auf Ihre Initiative reagieren und Sie verlassen? Was kostet es Sie an Energie, die Mißerfolge – und die kommen immer! – zu überwinden und daran zu wachsen? Was kostet es Sie, wenn das Projekt definitiv scheitert? Wieviel Selbstvertrauen koppeln Sie an das Gelingen des Projektes, und wie unabhängig sind Sie letztlich davon, sich etwas beweisen zu müssen?

Vergessen Sie nicht, daß Sie in dieser Phase in den Augen der Mehrheit bereits von «normal» (im Bekannten ausharren) auf «nicht normal» gewechselt haben. Da Sie Bekanntes ver-rücken, sind Sie auch im Prozeß der persönlichen Veränderung und mit Ihrem Traumbild ver-rückt. Machen Sie sich keine Sorgen, daß dies Ihrer Umgebung auffallen könnte. Sie können sich darauf nämlich verlassen! Möglicherweise werden wir nun wirklich in der Ernsthaftigkeit unseres Traums hart geprüft. Sie sind auf dem Weg, eine wirklich powervolle und lebenstüchtige Frau zu sein!

Power-Tips:

Heute ist mein «TAG DES VER-RÜCKENS», indem ich mich zu folgenden Schritten verpflichte:

- *Ich reagiere bewußt jederzeit anders, als ich es von meinem Muster her kenne: Ich bedanke mich für Vorwürfe, ich ziehe mich komplett anders an, ich esse bewußt etwas, was ich noch nie zuvor gegessen habe, ich suche mir die Gesellschaft von Menschen, denen ich normalerweise aus dem Weg gehe. Ich gestatte mir, frei von Vorurteilen und kleinen Empfindlichkeiten durch den Tag zu gehen und stelle mich jederzeit auf den Standpunkt, daß ich eine Entdeckungsreisende bin!*

- *Wenn mich heute jemand konstruktiv kritisiert, bedanke ich mich ganz einfach dafür. Es spiegelt mich und hilft mir, weiterzuwachsen.*

- *Kritisiert mich jemand destruktiv, lasse ich ihn mit einem Lächeln kommentarlos stehen und gehe einfach weiter.*

- *Ich schenke heute zum Abschluß des Tages ausgewählten Menschen, denen ich Wachstum, Selbstvertrauen und Vertrauen verdanke, eine Rose.*

- *Ich notiere heute Abend meine Erlebnisse, Erkenntnisse und Rückschlüsse dieses Tages des «Ganz-anders-Seins.» Ich werde erkennen, wieviel Lust und Freude es macht, jeden Tag von neuem Entdeckungsreisende zu sein!*

Erfolgsstrategie: Reifeprüfungen bestehen!

Das Verhalten der Umwelt zeigt sich in der Regel in folgenden sechs Reaktionsstufen. Sie werden jetzt Stufe um Stufe erklimmen und stets diagnostizieren, wie nahe Sie Ihrem Ziel bereits sind!

Ihre Umwelt reagiert in sechs Alarmsignalen auf Ihre Veränderung:

1. Alarmsignal: Schweigen/verdrängen
2. Alarmsignal: Befremdetes Kopfschütteln
3. Alarmsignal: Abschätzige Bemerkungen
4. Alarmsignal: Lächerlich machen
5. Alarmsignal: Distanzierung/Ausgrenzung
6. Alarmsignal: Drohungen

Respekt

Sie werden Kopfschütteln und Widerstände ernten, wenn Sie auf dem Weg sind. Sie werden als Frau hart in Ihrem Selbstvertrauen geprüft werden und können daran unglaublich erstarken und wachsen. Von Liebesentzug geschüttelt und gestraft, werden Sie Ihre sechs Prüfsteine wacker überschreiten.

Und hier kommt die gute Botschaft: Verfolgen Sie jede Stufe mit höchster Wachsamkeit und Sie werden feststellen, wie nahe Sie Ihrem Ziel – dem Respekt anderer – schon sind!

Wichtig:

Feiern Sie jeden Schritt mit sich selbst und belohnen Sie sich für das Erreichte jeder neuen Stufe!

Power-Tips:

Heute ist mein Tag der STANDFESTIGKEIT, indem ich mich zu folgenden Schritten verpflichte:

- *Ich achte ganz bewußt darauf, wie Menschen auf mich reagieren. Ich notiere mir hinter jeder der sechs Stufen den Menschen, der mir Feedback gibt, sowie den Anlaß und die Ursache des Feedbacks. Ich werte am Abend aus, in welchen Lebensprojekten ich in welchem Stadium stecke.*

- *Ich werde mit mir und meinen liebsten Menschen einfach feiern, ohne allerdings einen Grund dafür zu nennen. Ich beglückwünsche mich und meine Menschen für all das, was wir bisher in unserem Leben erreicht haben und genieße jeden Moment.*

- *Ich mache meinem Partner ein Geschenk und überrasche ihn mit etwas, das ich symbolisch mit dem Wert unserer Partnerschaft in Verbindung bringe. Ich genieße seine Überraschung und Freude und fühle mich ebenso beschenkt durch seine Reaktion.*

Erfolgsstrategie: Be nice to yourself!

Verwöhnen Sie sich selbst! Nehmen Sie sich zwischendurch bewußt einen freien Tag zur Regeneration. Kochen Sie sich ein gutes Essen, öffnen Sie Ihren Lieblingswein für sich allein oder für die Menschen, die bis jetzt zu Ihnen gehalten und Ihre Verrücktheit inzwischen sogar zum Vorbild genommen haben. Lassen Sie sich verwöhnen und genießen Sie Ihr persönliches Wachstum bewußt und ehrlich. Mit sich selbst respekt- und liebevoll umzugehen, ist ein Tabu unserer Gesellschaft! Narzißmus und kaschierte Eitelkeiten haben in unserer Single-Gesellschaft einen Grad erreicht, bei welchem von echter Selbstliebe nicht mehr die Rede sein kann. Echte Selbstliebe ist der wundervolle Schlüssel zum Herzen anderer Menschen, zu Verständnis, Kommunikation, echtem Interesse und Freundschaft. Nach diesen Qualitäten dürstet unsere Welt, und wir müssen auch hier wieder bei uns selbst beginnen. Der biblische Satz «Du sollst den andern lieben wie Dich selbst» hat im Verlaufe der Jahrhunderte seine normative Kraft eingebüßt. In unserem Sinne müßte er heute lauten: «Du sollst Dich selbst lieben, auf daß Du den andern mit offener Seele lieben kannst.»

So simpel ist die Geschichte und das Geheimnis des Erfolgs. Und so unendlich mühsam ist der Weg dahin! Wohlan denn: Sie dürfen sich lieben, verwöhnen, sollen sich respektieren und trauen, können sich überraschen und erfreuen, kurzum: Sie dürfen Ihr innerstes Seelenfünklein zum Strahlen bringen und es der ganzen Welt zeigen! Der Erfolg ist Ihnen garantiert, denn es gibt nichts Schöneres in einer Gesellschaft trüber Tassen, als ein herausragender Sonnenschein, der alle mitreißt zu Traumtänzen und Lebensfreude!

Geniessen Sie jeden Moment so, wie er sich Ihnen präsentiert. Es sind stets diese kleinen Sternschnuppen, die unsere Dunkelkammern erhellen, oder anders gesagt: Auch die Ewigkeit besteht aus einzelnen Augenblicken!

Power-Tips:

Heute ist mein WUNDER-VOLLER TAG, indem ich mich zu folgenden Schritten verpflichte:

- **Ich notiere in meine Agenda, wann meine «sorgenfreien Tage» sind. Ich werde mir dafür mindestens einen Tag pro Monat reservieren und nichts, aber gar nichts an Unerfreulichem tolerieren.**

- **Ich esse vorzüglich. Das Beste ist gut genug. Wenn ich Lust habe, lade ich dazu jemanden ein. Vielleicht ziehe ich es aber auch vor, für mich allein ein 5-Gang-Menü zu kochen oder servieren zu lassen. Übrigens: Ich vergesse auch den passenden Wein dazu nicht!**

- **Ich nehme mir vor, welche Abende für meine Wellness und Schönheit reserviert werde sollen. Ich trage diese Abende (mindestens** *einen pro Woche) fix in meine Agenda ein. Sie sind durch nichts, aber gar nichts, zu verschieben.*

- *Ich erstelle mir sodann ein Budget für Kosmetikerin, Massage, Coiffeur, Sauna, Solarium und weitere verwöhnende Aktivitäten. Dieses Budget ist für mich reserviert.*

- *Ich bestimme mit meinem Partner zusammen den fixen Wochentag, der für uns beide frei bleibt. Wir überraschen uns abwechslungsweise mit einem Surprise-Programm, das von Gala bis Meditation alles beinhalten kann. Die einzige Vorlage ist, miteinander Spaß zu haben, einander Freude zu bereiten. Wenn ich momentan keinen festen Partner habe, mache ich das mit den Menschen, die mir am meisten bedeuten.*

Anmerkungen:

1   Baars, Bernard J., *Das Schauspiel des Denkens. Neurowissenschaftliche Erkundungen*, Klett-Cotta, Stuttgart, 1998, 194.

2   Ebenda, 195.

6.
Power-Sprache: Die Sprache bestimmt das Denken

Kennen Sie folgende Situation? Sie sprechen und werden laufend unterbrochen. Sie machen Vorschläge und keiner scheint wirklich zuzuhören. Wenig später greift jemand ihre Idee als die Seine auf; alle applaudieren. Sie fragen sich, was mit Ihnen nicht stimmt…

Sie halten vor mehreren Menschen eine Rede und sterben dabei. Sie spüren, wie Sie innerlich zusammenfallen und halten alles, was Sie sagen, für Unsinn. Etwas später klopft man Ihnen tröstend auf die Schultern. Dies ist Ihr Beweis dafür, wie unzulänglich Sie sind. Wieder zweifeln Sie an sich…

In der Art, wie wir sprechen und folglich, wie andere darauf reagieren, erhalten wir Aufschluß darüber, wie wir von uns selbst denken, was wir von uns halten.

Unsere Sprache verrät jede Spur von Unsicherheit und Angst. Unsere Stimme ist der Seismograph unserer Seele und unseres Denkens.

Ich lasse Sie eintauchen in eine Vielzahl von Erfolgsstrategien für Ihr Sprechen. Machen Sie mit, und erleben Sie sich selbst in Ihrer Stimme als kraftvoll und selbstsicher. Etwas Übung braucht es natürlich, diese werden Sie aber mit viel Spaß erlangen.

Forschungsgebiete der Psycho- und Soziolinguistik

Die Psycholinguistik befaßt sich mit dem engen Zusammenhang von Sprache, Denken und Erkennen. Die Soziolinguistik behandelt denselben Gegenstand, fokussiert ihn aber zusätzlich auf seine gesellschaftliche Bedeutung.

Das Denken ist eine höchst rätselhafte Sache, über die wir durch nichts soviel erfahren wie durch das vergleichende Sprachstudium. Dieses zeigt, daß viele Formen unseres Denkens durch Strukturgesetze beherrscht werden, die dem Denkenden nicht bewußt sind. Benjam Lee Whorf schreibt hierzu in seinem Beitrag zur Metalinguistik und Sprachphilosophie «Sprache – Denken – Wirklichkeit»[1]: «Sprache ist ein eigenes riesiges Struktursystem, in dem die Formen und Kategorien kulturell vorbestimmt sind, aufgrund deren der einzelne sich nicht nur mitteilt, sondern auch die Natur aufgliedert, Phänomene und Zusammenhänge bemerkt oder übersieht, sein Nachdenken kanalisiert und das Gehäuse seines Bewußtseins baut.»

Besonders interessant ist in diesem Zusammenhang die «Sapir-Whorf-Hypothese»[2], die davon ausgeht, daß *die Sprache das Denken determiniert,* und zwar mit folgenden Thesen:

1) Die Welt präsentiert sich uns in einem kaleidoskopartigen Strom von Eindrücken, der durch unseren Geist organisiert werden muß;

2) Die Kategorien, nach denen wir die Welt organisieren, werden in ihr nicht einfach gefunden, sondern werden bestimmt durch die Kategorien, nach denen unsere Muttersprache die Welt gliedert;

3) Die Sprache ist demnach nicht einfach nur ein reproduktives Instrument zum Ausdruck von Gedanken, sondern *formt selbst die Gedanken;*

4) Beobachter/innen, deren Muttersprache die Welt unterschiedlich kategorisiert, beurteilen die gleichen physikalischen Sachverhalte unterschiedlich und werden somit zu verschiedenen Weltbildern geführt.

Sprache ist…ein «Raumschiff für Gedanken: Sie faßt eine Idee, die im Innern der Gehirnwindungen herumspukte, in Worte, eine Aneinanderreihung von Symbolen, und entläßt sie in den «Weltraum»…die Außenwelt…bis es auf eine andere «Raumstation» trifft und dort «andockt». [3]

William Allman, Mammutjäger in der Metro

Experimente im Bereich der Sinnesempfindungen haben in der Tat gezeigt, daß die sprachliche Kodierung beispielsweise einer Farbskala das Wahrnehmungsverhalten der Angehörigen der jeweiligen Sprachgemeinschaft beeinflußt. Ein Beispiel: In der Sprache der Zuni-Indianer gibt es für Gelb und Orange nur *eine* Bezeichnung. Entsprechend verwechseln die Zuni beim visuellen Beurteilen beide Farben sehr viel häufiger, als dies bei englischsprechenden Amerikanerinnen und Amerikanern geschieht. Englischsprechende Zuni liegen in Ihrer Beurteilung zwischen den beiden andern Gruppen![4]

Sapir faßt seine Relativitätsthesen folgendermassen zusammen: «Menschliche Wesen leben weder nur in der objektiven Welt noch allein in der, die man gewöhnlich Gesellschaft nennt. Sie leben auch sehr weitgehend in der Welt der besonderen Sprache, die für ihre Gesellschaft zum Medium des Ausdrucks geworden ist. Es ist durchaus eine Illusion zu meinen, man passe sich der Wirklichkeit im wesentlichen ohne Hilfe der Sprache an und die Sprache sei lediglich ein zufälliges Mittel für die Lösung (...) der Mitteilung und der Reflexion. Tatsächlich wird die ‹Reale Welt› sehr weitgehend unbewußt auf den Sprachgewohnheiten der Gruppe erbaut... Wir sehen und hören und machen überhaupt unsere Erfahrungen in Abhängigkeit von den Sprachgewohnheiten unserer Gemeinschaft, die uns gewisse Interpretationen vorweg nahelegen.»[5]

Es ist faszinierend, daß sich unsere Wahrnehmung basierend auf dieser Hypothese – aufgrund unserer Sprache ausprägt. Sprächen wir in anderen Sprachen, hätten wir ein völlig anderes Weltbild. Es ist ebenso faszinierend, daß wir mit dem Gebrauch unserer Sprache immer wieder verstärken, wer wir sind, was wir haben und tun und was wir denken. Mit anderen Worten:

Sprache ist Macht

Wer das erkannt hat, wird bewußt sprechen, seine Worte mit Sorgfalt wählen und seine Gedanken gezielt verstärken oder verschweigen. Nach dem Sapir-Whorf-Modell steht also tatsächlich «am Anfang das Wort», erst danach entsteht das Denken. Diese in ihrer Konsequenz gewaltige Hypothese stützt sich unter anderem auf umfangreiche Untersuchungen; in Forschungsprojekten mit Kindern aus verschiedenen sozialen Klassen der amerikanischen Gesellschaft entstand weiter die Hypothese, daß Kinder der Unterschicht mangels Betreuungsintensität und Zuwendung nicht nur einen restringierten (wenig entwickelten) Sprachcode besitzen, sondern auch nur in der Lage sind, das, was sie sprachlich fassen, gedanklich nachzuvollziehen; das heißt, auch in ihrem Denken und in der Palette ihrer Wahrnehmung restringiert sind.[6] Ich überlasse Ihnen die Würdigung dieser gesellschaftspolitisch brisanten These, möchte aber anmerken, daß sie mich seit vielen Jahren begleitet und beschäftigt.

Sprich, damit ich Dich sehe!

Stellen Sie sich vor, daß Sie über Ihre sprachliche Kompetenz und Qualität Ihr Denken determinieren, daß Sie über die differenzierte Entwicklung Ihrer sprachlichen Fähigkeiten – Sapir Whorf spricht dann vom elaborierten Sprachcode – proportional auch Ihre geistigen Fähigkeiten und die Breite Ihrer Wahrnehmung entwickeln.

Und stellen Sie sich vor, daß Sie über Ihr gesprochenes Wort zusätzlich das werden, erhalten und tun, was Sie sagen.

Vielleicht steht das biblische «Am Anfang steht das Wort» in letzter Konsequenz als Schlüssel zur Lebens-Meisterschaft und wird jetzt wieder schrittweise erfaßt!

Unser Körper ist ein Resonanzorgan, das sich 24 Stunden darum kümmert, gedankliche und verbale Signale seines Besitzers umzusetzen. Mit einer geknickten Stimme, mit weinerlichem Timbre zu sprechen, ist Signal genug, sich physisch und psychisch geknickt und weinerlich zu fühlen.

Liebe Leserin, Ihre Sprache, Ihre Stimme ist Ihr Macht-Instrument! Sie bestimmen Ihr Denken, Ihre körperliche, geistige und seelische Verfassung. Und eines steht fest, egal, wie konsequent Sie sich mit der Sapir-Whorfschen These identifizieren:

Wollen Sie sich in Sekundenschnelle in eine Gewinnerinnen-Stimmung bringen, so setzen Sie Ihre Sprache und Stimme kraftvoll und strategisch clever ein!

Sie sehen die Dinge und fragen: «Warum?»
Ich aber träume von Dingen, die es noch nicht gegeben hat und frage: «Warum nicht?»

George Bernhard Shaw

Lassen Sie die folgenden Thesen auf sich wirken:

- *Deine Sprache bestimmt dein Denken.*

- *Deine Sprache bestimmt und verstärkt deine körperliche, geistige und seelische Verfassung. Sie ist deine ganzheitliche Impuls-Geberin, du folgst ihr reaktiv mit deinen Emotionen.*

- *Deine Sprache ist dein Haupt-führungsinstrument für dich selbst.*

- *Deine Sprache materialisiert sich in deinem Denken, deinem Sein, Haben und Werden.*

- *Powervoll zu sprechen ist strategische Erfolgskraft.*

- *Du bist, hast und tust, was du sprichst! Was du über deine Stimme täglich sagst! Besonders über dich selbst!*

> If you have anything to tell me of importance, for God's sake – begin at the end!
> Sarah Jeanette Duncan

Power-Tips:

Heute ist mein SPRACH-POWER-Tag, indem ich mich zu folgenden Schritten verpflichte:

- *Alle meine Aussagen über mich sind erbauend, positiv, inspirierend und geben mir Kraft und Selbstbewußtsein.*

- *Ich mache keine negativen Aussagen über andere Menschen. Wenn ich nichts Positives zu sagen habe, schweige ich.*

- *Ich spreche mindestens doppelt so laut wie sonst. Ich spreche Klartext und mit aufrechter Haltung.*

- *Ich spreche mit äußerster Disziplin. Ich stelle mir vor, wie jeder Satz von mir als Bestellung ins Universum gelangt und mir das bringt, was ich gesagt habe. Ich bin wachsam und behutsam im Umgang mit meinem Wort.*

- *Heute jammert keine/r bei mir über die andern! Wer es tut, den lasse ich wie eine kühle Brise an mir vorbeiwehen. Ich lächle.*

- *Ich nehme mir Raum! Ich lasse mich weder im Fahrstuhl noch auf dem schmalen Fußgängerweg in die Ecke drängen. Ich erweitere bewußt mein Territorium, sogar beim Mittagessen, indem ich meine Tischzone breit abstecke (Zuckerdosen, Salz und Pfeffer, Tasche, Besteck, Zigaretten usw.). Spielen Sie damit: Territoriale Spiele sind Lieblingsbeschäftigungen von Männern und wir können hier viel aufholen und lernen!*

- *Ich sage klipp und klar, was mich ärgert, stört und verletzt. Ich spreche in der Ichform und erkläre mein persönliches Gefühl, meine Interpretation. Ich gebe Raum für Antworten.*

- *Heute halte ich meinen Kopf aufrecht und nicht schief. Ich bin mir bewußt, daß ich mich nicht verkleinere. Ist ein Mann kleiner als ich, ist er es eben, ohne daß ich mich deswegen schuldig fühlen werde.*

- *Ich stehe mit beiden Füßen fest auf dem Boden. Ich lasse alle kokettierenden, unsicheren Fußstellungen bleiben und bin im Kontakt mit Mutter Erde.*

- *Ich setze mich durch. Ich entschuldige mich nicht dauernd für irgend etwas, nehme Komplimente an, übernehme keine Schuld für andere, gebe nicht nach, wenn ich nicht will.*

Lernen Sie die Sprache der Gewinnerin!

Ich lade Sie ein, dieses Kapitel immer wieder zu lesen, die Übungen mit Disziplin täglich anzuwenden und ein Sensorium für Ihre persönliche Sprache als Gewinnerin zu entwickeln.

Ich versichere Ihnen, daß Sie bereits nach aufmerksamer Lektüre dieses Kapitels das Phänomen *Sprache und Macht* mit neuen Augen betrachten.

Die Gewinnerinnen-Sprache zu sprechen macht deshalb so Spaß, weil Sie die Wirkung des powervollen Sprechens unverzüglich spüren!

Dein Wort	Klare Sprache
bestimmt Dein Leben und Deinen Erfolg!	ergibt klare Ergebnisse!

100prozentige
 	
Selbstverantwortung
 	
=
 	
«Urheberinnen-Theorie»
	• ich versus «man»
	
	• Indikativ versus Konjunktiv II
	≠ hätte, könnte, sollte, müßte, würde
	
	• Gewinnerinnen-Sprache versus Verliererinnen-Sprache
	  – ja, aber
	  – versuchen
	  – ich glaube
	  – vielleicht

Lassen Sie mich die wichtigsten Regeln der Gewinnerinnen-Sprache erklären:

Zauberwort «Ich»:

Sie sagen laut und deutlich «ich» und vermeiden die wässrige «man»-Form, die von jeder Verantwortlichkeit ablenkt und jeden noch so intelligenten Sprachinhalt sofort dämpft und relativiert. Stehen Sie mit dem Wort «ich» zu sich selbst, Ihrem Denken, Ihrer Meinung, Ihrer Botschaft. Sie setzen mit diesem kleinen, powervollen Wort die Unterschrift unter das von Ihnen Gesagte und geben sich zu erkennen.

Damit geben Sie Ihrem Gesprächspartner die Wahl, ja oder nein zu sagen. Indem Sie Stellung beziehen, verführen Sie Ihr Gegenüber ebenfalls zur Stellungnahme. Und dies ist eine wahrhaft wundervolle Ausgangslage für einen Dialog, mögen die Meinungen auch noch so weit auseinanderliegen.

> *She was a «what if» personality and because of that she never really happened.*
> Anne Wilson Schäfer, Meditations[7]

Indikativ versus Konjunktiv II:

Achten Sie darauf, wie erfolgreiche Menschen sprechen. Sie leben in der von ihnen als real wahrgenommenen Welt und geben sie sprachlich auch als real wieder: im Indikativ, in der Wirklichkeitsform.

Menschen hingegen, die sich ihrer Verantwortung und Selbstbestimmung entziehen, verstecken sich sehr häufig im Chaos der Konjunktive und Umlaute: «Wenn ich wirklich *wollte, könnte* ich das auch. Jedoch *müßte* ich dazu noch alles mögliche *versuchen,* was ich nie tun *würde,* weil ich dann etwas in meinem Leben verändern *müßte*».

Passen Sie auf: Wenn Sie diese sprachlichen Unglücksfallen erkannt haben, können Sie nie mehr zurück! Sie werden mit Leichtigkeit und viel Amusement alle Pechvögel entlarven, die sich ihr Nest aus Federn der Unverbindlichkeit und sogenannten Offenheit selbst gebaut haben. Könnten sie fliegen, würden sie nicht fallen; sie versuchen zu fliegen, aber sie wollen nicht wirklich!

10 Goldene Regeln im Sprachumgang mit andern

1. *Sprechen Sie den andern stets mit seinem Namen und Titel an!*

2. *Gehen Sie niemals in ein Gespräch ohne konkretes Ziel!*

3. *Anerkennen Sie dreimal mehr, als Sie kritisieren! Bringen Sie stets Vorschläge und sagen Sie niemals «das geht nicht!»*

4. *Haben Sie jemanden verletzt, stehen Sie dazu, entschuldigen Sie sich (Anmerkung: nur einmal, keine zweite Runde!). Schaffen Sie GewinnerInnen!*

5. *Zeigen Sie Interesse und Mitgefühl. Wenn Sie keines haben, dann seien Sie so ehrlich und verabschieden sich!*

6. *Gehen Sie stets davon aus, daß der andere Mensch positive Motive hat. Haben Sie daran berechtigte Zweifel, so sagen Sie das klipp und klar mit Begründung. Schaffen Sie klare Verhältnisse! Gehen Sie, wenn Sie sich in Ihren Zweifeln bestätigt sehen, und ziehen Sie die Konsequenzen.*

7. *Gehen Sie Small Talk aus dem Weg. Gehen Sie diszipliniert um mit der Anzahl von Wörtern, die Ihnen Zeit Ihres Lebens zur Verfügung stehen!*

8. *Sprechen Sie niemals schlecht über andere. Äußern Sie jedoch konstruktive Kritik sofort und direkt.*

9. *Hören Sie so zu, daß Sie jedes Wort Ihres Gegenübers wiederholen könnten. Gelingt Ihnen das nicht, fragen Sie sich, weshalb Sie diese Konversation überhaupt führen. Brechen Sie das Gespräch gegebenenfalls ab.*

10. Achten Sie stets auf die Nebensätze! Hier nämlich wird das Wesentliche gesagt!

Gewinnerinnen-Sprache versus Verliererinnen-Sprache

Hierzu ein Praxisbeispiel: Sie geben einem Mitarbeiter einen Auftrag. Seine Antwort lautet: «Ich werde es versuchen.» Sie dürfen mit hoher Wahrscheinlichkeit davon ausgehen, daß er es nie schaffen wird, weil seine Benchmark bereits beim Versuchen endet! Geben Sie den Auftrag einem andern, der es nicht versucht, sondern tut! Achten Sie besonders darauf, wann Sie selbst etwas versuchen wollen. Und stellen Sie sich die Frage, wie stark Sie wirklich am Erfolg interessiert sind, ob ein klares Nein nicht erfolgreicher als dieses «Jein» ist. Das Wort «versuchen» enthält bereits den Mißerfolg und das mangelnde Commitment zur Zielerreichung.

Ebenso verhält es sich mit dem kleinen, aufschlußreichen Wort «vielleicht». Es ist die Verkörperung der Unsicherheit, Unentschlossenheit und Offenheit aller Relationen. Es steht auf der Bestsellerliste aller Menschen, die ihr Leben «probieren» und gleichsam niemals eine Premiere im Indikativ geben, weil sie es vielleicht doch anders tun könnten, müßten, sollten und würden, wenn sie wollten. Das Wort «vielleicht» zeigt Unentschlossenheit und Kleinmut. Es dokumentiert die wortimmanente «Vielheit» und legt sich nicht fokussiert auf *ein* klares Ziel fest; und daraus resultiert nicht nur vielleicht ein Mißerfolg, sondern garantiert. Kein Ziel dieser Welt wurde mit «vielleicht» erreicht. Kein Spiel auf keinem Parkett wurde «vielleicht» gewonnen.

Das Leben ist ultimativ. Es fordert jederzeit eine klare Stellungnahme! Und diese drückt sich in Ihrer klaren Sprache – der Commitment-Sprache – aus.

Jedes «ja, aber» ist zwar eine salonfähige rhetorische Floskel, entlarvt aber immer auch eine gewisse Bedecktheit. Nichts ist langweiliger als ein Gegenüber, das Ihnen während Ihres Statements zunickt, nonverbale Signale der Zustimmung sendet, um dann mit diesem «ja, aber» zu entgegnen. Sehr oft steht «ja, aber» für nichts anderes als ein höflich getarntes «Nein».

Viel echter ist ein «ja, und». Nehmen Sie sich vor, dieses «ja, aber» sofort aus Ihrem Wortschatz zu verbannen. Fügen Sie bei Unstimmigkeit mit Ihrem Gesprächspartner Ihrem grundsätzlichen «Ja» – im Sinne der Respektierung auch einer anderen Meinung – ein «und» bei; dieses leitet Ihre ergänzenden Überlegungen ein. Sie sind damit nicht nur fairer, respektvoller und höflicher. Sie sind auch ehrlicher, authentischer und klarer. Sie fordern klare Stellungnahme, ohne den andern zu relativieren. Sie fordern und fördern Profil – von sich wie von Ihrem Gegenüber.

Zwischen «ich glaube, wir *müßten* das eigentlich so und so machen» und «ich glaube, wir *müssen* das so und so machen» liegt ein wesentlicher Unterschied. Im ersten Fall verbindet sich «glauben» mit Konjunktiv II (müßten) und «eigentlich»; damit zeigt sich der Sprechende unverbindlich und zielschwach. Im zweiten Beispiel steht das «ich glaube» zumindest als rhetorische Satzeinleitung und fokussiert mit «wir müssen» eine klare Richtung für die Lösung. Mit andern Worten: Wann immer Sie konfrontiert werden mit diesem «ich glaube», achten Sie darauf, was nachher folgt. Sie selbst verwenden diese Satzeinleitung stets mit der Gewinnerinnen-Sprache und nehmen sie als Auftakt zu einer klaren Aussage.

Vergessen Sie nicht: Die Sprache ist ein Gesamtkunstwerk, das als Ganzes wirkt und in seinen Einzelteilen unverstanden bleibt. Und noch etwas: Setzen Sie Ihre Körpersprache powervoll ein! Machen Sie sich niemals kleiner!

Power-Tips:

Heute ist mein INDIKATIV-TAG, indem ich mich zu folgenden Schritten verpflichte:

- *Ich spreche im Indikativ, in der Wirklichkeitsform! Ich ersetze jedes «hätte, könnte, wollte, sollte, müßte» sofort durch eine klare Aussage. Ich genieße es, konkret und wirklich zu sein.*

- *Ich lebe Autonomie. Ich bin nicht da, die Erwartungen anderer zu erfüllen und hasse jedes «fishing for compliments»!*

- *Ich ersetze jedes «ja, aber» mit «ja, und». Ich achte auf diesen Qualitätsunterschied für ein gutes Gespräch.*

- *Das Wort «versuchen» ist unerwünscht! Ich entscheide mich für oder gegen eine Sache und handle strikte danach. Wenn ein anderer sagt «ich versuche es», so frage ich ihn, ob er es nur versucht oder auch wirklich tut. Ich beobachte die Reaktion.*

- *Heute gibt es kein «vielleicht» für mich. Ich entscheide innert 20 Sekunden sicher und gestatte auch kein «vielleicht» eines andern. Ich fordere Stellungnahme und anerkenne auch ein «Nein».*

- *Ich fordere von jedem «ich glaube» eine verbindliche und sehr konkrete Aussage.*

- *Ich setze meine Sprache als Führungsinstrument ein und notiere mir am Abend alle meine Erfahrungen in mein Erfolgsjournal.*

Der Zusammenhang von Sprechen und Sozialprestige

Die Linguistik hat nicht erst seit Senta Trömel-Plötz[8] und Luise Pusch[9] die wechselseitige Abhängigkeit von Sprache und Macht erforscht. Nicht umsonst galt bis vor kurzem der paulinische Imperativ «mulier taceat in ecclesia», zu gut Deutsch: Die Frau schweige in der Gemeinde. Nun denn, Paulus interessiert dies – gereift und 2000 Jahre älter – sicherlich auch nicht mehr sonderlich!

Und dennoch: Gewalt durch Sprache findet täglich statt. Und zwar gerade deshalb, weil Frauen sich der enormen Power der Sprache noch viel zu wenig bewußt sind. Ich habe die aus meiner Praxis am häufigsten erkennbaren Sprachfallen zu einigen Thesen gebündelt:

- In der Funktion zur Herstellung von Realität ist Sprache *die* Erzeugerin.
- In der Funktion zur Herstellung von «Normalität» ist Sprache *das* Instrument.
- In der Funktion zur Herstellung von Sozialprestige innerhalb einer hierarchisch gegliederten Gemeinschaft gilt als am ranghöchsten:

1) wer die längste Sprechzeit hat
2) wer am häufigsten das Wort ergreift
3) wer am wenigsten unterbrochen wird
4) wer am meisten mit dem Namen (und Titel) angesprochen wird
5) wer am meisten Sprechführerschaft innehat
6) wer die Quintessenzen aus den Gesprächen zusammenfaßt
7) wer laut und unbeirrt spricht
8) wer am meisten non-verbale Zustimmung erhält
9) wer am stärksten in der Commitment-Sprache spricht.

Männer nutzen Sprache zur Sicherung von Status und Ansehen innerhalb einer hierarchischen Gesellschaft. Frauen hingegen verwenden Sprache als soziales Instrument zur Pflege von Beziehungen.

Männer rivalisieren über Sprache und setzen sie sachbezogen strategisch ein. Frauen hingegen nutzen Sprache als Sympathie-Energie.

Damit wird plausibel, weshalb in der Praxis von gemischtgeschlechtlichen verbalen Interaktionen folgende Grundstruktur überwiegt:

- Frauen ergreifen weniger häufig das Wort und reden weniger lange als Männer.
- Frauen werden von Männern häufiger unterbrochen und unterbrechen Männer weniger.
- Frauen werden durchschnittlich weniger häufig mit ihrem Namen und Titel angesprochen als Männer.
- Frauen agieren durchschnittlich weniger häufig als Sprechführerinnen.
- Frauen fassen weniger häufig die Quintessenzen aus Gesprächen zusammen (vielmehr werden ihre Redebeiträge sehr oft von Männern als die ihren ausgegeben).
- Frauen sprechen durchschnittlich weniger laut und lassen sich leichter verbal ausbremsen.
- Frauen werden von Männern durch aktives Zuhören und nonverbale Unterstützung weniger ermutigt, weiterzusprechen.
- Frauen benützen abschwächende Redewendungen, stellen Behauptungen in Form von Fragen auf, leiten ihre (wichtigen!) Aussagen oft in Form von Vorankündigungen ein, um Aufmerksamkeit und Ratifizierung ihres Gesprächsbeitrags zu sichern.

Auf dem Boden dieser Tatsachen entsteht also das Mißverhältnis in der Geschlechter-Kommunikation. Es ist ganz einfach, einen Ausgleich zu schaffen: Wenn Sie sich erst einmal der Sprachmacht und ihren Fallen bewußt sind, ist es ein leichtes, eigeninitiativ und selbstverantwortlich Ihren Power-Anteil auszugleichen. Gehen Sie nie davon aus, daß Sie zuerst die Kommunikationsstrategie der Männer ändern müssen, bevor Sie sich verbal durchsetzen. Gehen Sie vielmehr davon aus, daß Sie von diesem Moment an Ihre Sprachkompetenz ausbauen und von Männern lernen, wie Sie Ihre Sprache strategisch einsetzen und nutzen können.

Erwähnen möchte ich noch die Tatsache, daß die Beurteilung der Ernsthaftigkeit eines Redebeitrags häufig (bitte lachen Sie nicht!) von der Tiefe der Stimme mitbestimmt wird, womit wir Frauen definitiv ein Problem hätten; das erklärt wenigstens, weshalb in vielen Rhetorik-Kursen Frauen dazu angeleitet werden, laut, tief und markant zu sprechen. Übung macht die Meisterin!

Power-Tips:

Heute ist mein «SELF MARKETING»-TAG, indem ich mich zu folgenden Schritten verpflichte:

- *Ich sorge dafür, daß andere Frauen oft und fair zu Wort kommen. Ich ermutige jede Frau, die etwas zu sagen hat, das Wort zu ergreifen.*

- *Ich nehme mir vor, mindestens einmal monatlich in einem größeren Gremium als erste das Wort zu ergreifen.*

- *Ich unterlasse rhetorische Fragen und sage meine Meinung unbeirrt und klar.*

- *Ich unterbreche einen Redner, wenn ich spüre, daß er die Sprache als Machtinstrument benützt. Freundlich übernehme ich dann die Wortführerschaft und gebe anschließend das Wort einem bestimmten Redner oder einer bestimmten Rednerin weiter.*

- *Ich verkleinere mich nie mehr! Ich streiche Selbstsabotagen wie «Dürfte ich auch noch etwas sagen», «Entschuldigung, ich hätte da noch etwas», «Ich möchte nur kurz noch etwas sagen,» «Meinen Sie nicht, man könnte dies vielleicht noch ein bißchen anders sehen» oder gar «Vielen Dank, daß Sie mir das Wort geben» sofort aus meinem Repertoire. Ich spreche nicht nur keine Verlierer-Sprache, sondern lasse auch jede Diminuierung, jede Schneewittchen-Attitüde bleiben.*

- *Ich beherrsche meine Körpersprache beim Sprechen. Ich spiele nicht mit Dingen rum, zapple nicht von einem Bein aufs andere, spiele nicht mit meinem Haar und zittere nicht, wenn ich mit meinem Stift auf dem Hellraumprojektor etwas zeige. A propos: Die Handhabung der technischen Hilfsmittel erprobe ich vor meinem Auftritt.*

- *Ich schließe eine Rede/Präsentation nie mit «Das wärs dann schon» oder ähnlich unterminierenden Schlussworten. Ich sage «Danke», blicke ins Plenum und erwarte Applaus. Für letzteren bedanke ich mich selbstverständlich.*

- *Wenn das alles nichts nützt, melde ich mich innert 72 Stunden an für einen Top-Rhetorik-Kurs für Führungskräfte (mit Männern!).*

Anmerkungen:

1 Lee Whorf, Benjamin, *Sprache-Denken-Wirklichkeit.* Beiträge zur Metalinguistik und Sprachphilosophie, Rowohlt, Hamburg, 1985.

2 Imhasli/Marfurt/Portmann, *Konzepte der Linguistik,* Athenaion, Reihe Studienbücher zur Linguistik und Literaturwissenschaft, Nr. 9, Wiesbaden, 1979.

3 Allman, William, *Mammutjäger in der Metro. Wie das Erbe der Evolution unser Denken und Verhalten prägt,* Spektrum, Heidelberg/Berlin/Oxford, 1996, 228.

4 ebenda, 186.

5 vgl. Chomsky N., *Sprache und Geist,* Frankfurt/Main, 1970 (engl. Orig. 1969).

6 Schlieben, Lange, Brigitte, *Soziolinguistik. Eine Einführung,* Urban/Kohlhammer, Berlin/Köln/Mainz, 1978, 27–35.

7 Zit aus: Wilson Schaefer, Anne, ebenda, 20. Januar.

8 Trömel-Plötz, Senta, *Frauensprache – Sprache der Veränderung,* Fischer, Frankfurt, 1982, Trömel-Plötz, Senta, *Gewalt durch Sprache,* Frankfurt, 1988.

9 Pusch, Luise, *Das Deutsche als Männersprache,* Suhrkamp, Frankfurt am Main, 1984.

7.
Power-Commitments: Virtuosität der Verbindlichkeit

«Wer nach allen Seiten hin offen ist, der ist nicht ganz dicht.» Ein Mensch ohne Verbindlichkeit und klaren Zielen ist wie ein Fisch mit Fahrrad! Er weiß weder, daß er ein Fisch ist, noch daß er kein Fahrrad braucht. Er weiß weder, wie er sich am effizientesten vorwärtsbewegt, noch wohin.

Es ist Zeit, daß wir uns beibringen, was uns nie gelehrt wurde: im Denken, im Sprechen und im Handeln 100prozentig verbindlich zu sein. Analog müssen wir unsere Ziele als verbindliche Verträge mit uns selbst formulieren. Die Benchmark unserer Ziele setzen wir so hoch, daß sich die Anstrengung zu ihrer Erreichung lohnt; ich nenne dies die Commitment-Strategie.

Was Sie nun für sich und Ihr Leben umsetzen, können Sie genauso für Ihr Unternehmen mitnehmen: Holen Sie sich Ihren Wettbewerbsvorteil und leben Sie eine Ziel-Commitment-Kultur: Jedes Ziel ist ein schriftlich formuliertes Projekt.

Die Commitment-Strategie der Gewinnerin kennt keine Rechtfertigungen und Ausreden, sondern nur Vereinbarungen. Diese werden eingehalten oder nicht.

Gelingt die Einhaltung nicht, dann ist es Ihre Aufgabe, den Ursachen auf den Grund zu gehen und Korrekturen vorzunehmen. Übrigens: Es macht Spaß, in einem solchen Unternehmen zu arbeiten, weil es Spaß macht, erfolgreich zu sein, weil es Spaß macht, in einer Kultur von Erfolgreichen täglich zu lernen und immer noch besser zu werden. Es macht Spaß, die eigenen Grenzen laufend zu sprengen und zu wachsen (auch wenn dies manchmal weh tut!).

Und die zweite gute Nachricht: Zahlen belegen, daß eine funktionierende Unternehmens-Commitment-Kultur die Effizienz der Mitarbeiter/innen mindestens verdoppelt und die Motivation der Mitarbeitenden um ein Mehrfaches erhöht.

Ziele powervoll formulieren!

Jedes Ziel ist ein Projekt.	Inspirierend! Indikativ! (Holen Sie sich die Wirklichkeit!)
Projekt = Ergebnis **+ Zeitpunkt** **+ Mittel** **Beispiel:**	• **Ich habe** • **Ich bin** • **bis spätestens** • **mindestens** • **mit Leichtigkeit** • **mit Freude** • **mit Spaß** • **Ich habe bis spätestens xy einen Umsatz von mindestens Fr. xy mit Leichtigkeit erzielt.** **Jedes Ziel muss so inspirierend sein, daß Sie Ihre Freude daran spüren können.** **Sonst vergessen Sie es: Es ist eine Kopfgeburt und führt Sie auf Abwege!**

Ein Ziel kann nicht konkret genug sein und muß *immer schriftlich* formuliert werden. Der *Termin* umfaßt Jahr, Monat, Tag, Stunde. Die *Mittel* liegen in der Art und Weise, wie es sich für Sie anfühlt, den Weg zum Ziel hin zu gehen. Hier entscheiden Sie, ob Sie ein Ziel mit Schmerz und Verzicht erreichen, oder vielmehr mit Spaß, Leichtigkeit und Freude.

Hängen Sie Ihre Ziel-Commitments sichtbar auf. Lesen, singen, tanzen, fühlen Sie Ihre Commitments, seien Sie deckungsgleich mit Ihren Zielen.

Täglich muß Ihr Blick mehrmals darauf fallen, damit sie sich bei Ihnen mental derart einprägen, daß Sie die Ziele *sind!*

Ich lade Sie ein zur Reise in die Ziel-Commitments!

Nehmen Sie sich heute mindestens 60 Minuten Zeit, diese Übung in aller Ruhe und mit Muße und Genuß für sich auszuführen. Formulieren Sie alle Einsichten schriftlich. Arbeiten Sie täglich daran! Es macht Spaß!

Meine Commitments	Inspirierend! Indikativ! (Holen Sie sich die Wirklichkeit!)
Notieren Sie Ihre Ziel-Projekte • für ein Jahr • für 5 Jahre **schriftlich als Vertrag mit sich selbst!**	• **Beruf/Karriere/Geschäft** • **Liebe/Partnerschaft/ Freunde** • **Besitz/Geld/Einkommen** • **Freizeit/Ferien/ Entspannung** • **Gesundheit**

Ich bitte Sie, diese Power-Übung sofort anzugehen, damit Sie unverzüglich, spätestens aber innerhalb 72 Stunden, mit der Umsetzung Ihrer wichtigsten Etappenziele beginnen können.

Power-Tips:

Heute ist mein COMMITMENT-TAG, indem ich mich zu folgenden Schritten verpflichte und diese Absichtserklärung unterschreibe:

Name/Vorname: .... *Datum:* ....

Folgende Erfolgsfaktoren baue ich sofort aus:

Beispiele:
- Ich führe ab sofort täglich mein Erfolgsjournal mit Freude.
- Ich bin bis spätestens xy mit Kapitel drei meines Buches mit Freude fertig.
- Ich habe bis spätestens xy mit Herrn Muster ein klärendes Gespräch mit Leichtigkeit geführt.

1. Ich bin/habe/ .... *bis spätestens* ....

2. Ich ....

3. Ich ....

4. Ich ....

5. Ich ....

6. Ich ....

7. Ich ....

8. Ich ....

9. Ich ....

10. Ich ....

> *There is really nothing more to say – except* why. *But since why is difficult to handle, one must take refuge in* how.
>
> Toni Morrison[1]

Anmerkung:

[1] Zit. aus: Wilson Schaefer, Anne, ebenda, 8. November.

8.
Power-Leadership: TCC = Take care and coach

Frauen und Männer gemeinsam auf der Karriereschiene – das kann Probleme geben, eröffnet aber auch Chancen für jedes Unternehmen, vorausgesetzt, es gelingt ihm, vorurteilsfrei auf die unterschiedlich gelagerten Stärken beider Geschlechter zu setzen und vom Prinzip der Gleichmacherei abzurücken.

Im Kontext der globalen Entwicklungen sehen sich Führungskräfte von erfolgreichen Unternehmen mit immer höheren Anforderungen konfrontiert. Während in den siebziger und achtziger Jahren viel Energie und Geld ins Beratungsgeschäft investiert wurde, ist heute dieser Geldhahn zu. Zudem organisieren sich immer mehr Unternehmen nach dem Prinzip der flachen Hierarchie; einer Struktur, die von Führungskräften neue und erweiterte Fähigkeiten verlangt.

Was also heißt heute fähig?

Excellence in Leadership ist durchaus eine Frage des Geschlechts!

Kombinierte Management- und Leadership-Fähigkeiten bilden das Power-Paket, das heute auch in Europa zunehmend in entsprechenden Assessment-Centers unter die Lupe genommen wird. Eine Fehlbesetzung kostet ein Unternehmen schätzungsweise ein bis zwei Jahresgehälter, genug Geld also, um sich Gedanken über eine sinnvolle Nutzung und Förderung der vereinten Fähigkeiten der eigenen Mitarbeiter-Crew zu machen. Diese Gedanken zahlen sich aus, und zwar nicht trotz, sondern gerade wegen des immer hektischer werdenden Sesseltanzens.

Umdenken tut not, wir brauchen Leadership auf allen Führungsstufen eines Unternehmens. Wirkliche Leader sind seltene Erscheinungen. Leadership ist eine zu kostbare Essenz für die Entwicklung eines lebendigen und organisch wachsenden Unternehmens, als daß sie einfach verschenkt werden darf.

Eine zukunftsgerichtete Führungsausbildung weiß um die Kostbarkeit Leadership besonders in Phasen von Destabilisierungen und entwickelt dieses Potential bei ihren Führungskräften gezielt.

In meinen Seminarien arbeite ich mit *Leadership-Essentials*, die als Basis für die Entwicklung und Umsetzung des eigenen Potentials dienen. Sie sind hier in gekürzter Form aufgeführt:

- *Leadership* verbindet Persönlichkeit, Leistung und Sinn. Leadership ist die Voraussetzung für jede erfolgreiche Bewältigung des konstanten und immer schneller werdenden Wandels. Es gilt, schnellstmöglich neue Lösungen für alte Probleme zu finden. Das stellt hohe Anforderungen an die intellektuelle, charakterliche und geistige Reife eines Menschen, an interdisziplinäres Denken und die Fähigkeit, prozeßorientiert zu agieren. Dazu braucht es Mut, Kreativität und Authentizität.
- *Leadership-Erfolgsfaktoren* sind überzeugende Visionen, klare Zielsetzungen, akkurate Selbsteinschätzung und sinnvolles Energie-Management.
- Umfassende Lösungen entstehen von EntscheidungsträgerInnen, die es verstehen, *Verantwortung wahrzunehmen und weiterzudelegieren* und mit Weitsicht und folgerichtigem Denken konsequent zu handeln.
- *Lösungen durchzusetzen*, mit Rückgrat und Integrität, Klarheit und Mut, sowohl im Team, als auch, wo nötig, im Alleingang.
- *Sinn-Management zu betreiben*: Die Mitarbeitenden werden so eingesetzt, daß sie sich fachlich und persönlich kontinuierlich weiterentwickeln können.
- *Mitarbeitende, Kunden, LieferantInnen und Shareholders zu motivieren,* was heißt, das individuelle Sinnmotiv ihres Einsatzes zu treffen. Menschen reifen so an Aufgaben, Verantwortung, Kompetenzen. Es gibt keine minderwertigen Aufgaben.
- *Powervolle Teams zu bilden*, in denen jede/r Mitarbeitende ihre/seine Rolle in der Unternehmensentwicklung hat und kennt. Sie bilden so ein «Stärken-Portefeuille» in einem unschlagbaren Team.
- *Freiräume für Denken, Entfaltung und Verdienst zu schaffen:* Sie führen Mitarbeitende nach den Regeln des Fairplays. Sie schaffen Möglichkeiten für Incentives, Raum für die unternehmerische Einbindung Ihrer Schlüsselmit-

arbeitenden und Core-Crews, das Gleichgewicht von Aufgaben, Verantwortung, Kompetenz und Lohnstruktur, Modelle von Erfolgs- und Unternehmensbeteiligungen.

* *Spaß und Leidenschaft zu vermitteln*: sowohl für überdurchschnittliche Leistung als auch für unternehmerischen Einsatz und Zusammenarbeit.
* *Kreativität, Innovation und MacherInnentum* zu implementieren.

Prof. Dr. Gertrud Höhler, Wirtschaftsberaterin und Autorin wegweisender Management-Bücher, nennt das Phänomen treffsicher «emotionale Power»[1]. In ihrer Analyse der «Götterdämmerung in den intelligenten Systemen» bringt sie es auf den Punkt: «Heute, da es auf Produkte nur noch am Rande ankommt, gilt es wieder, Menschen zu gewinnen – nicht ‹Vorsprung durch Technik›, sondern Vorsprung durch emotionale Power.» Sie faßt das Phänomen wie folgt zusammen: «Wer Menschen auf Ziele hinbewegen will, muß Zugang zu ihren Emotionshirne finden – ob sie nun Kunden sind oder Mitarbeiter. Der Sturm der Begeisterung ist nicht rational gesteuert, sondern emotional … Der Power-Mix aus emotionaler und intelligenter Energie muß von der Führungscrew gemacht werden. EQ – das ist Emotional Quality, schwer zertifizierbar, aber unschlagbar im Wettbewerb.»[2]

Anmerkungen:

[1]   Höhler, Gertrud, *Herzschlag für Sieger. Die EQ-Revolution,* Econ, Düsseldorf/München, 1997, 110.
[2]   Höhler, Gertrud, ebenda.

9.
Neue Bodenkulturen: Saat von Persönlichkeiten und Kernkompetenzen

Die Zukunft ist in keinem Gremium vertreten.

Hans Jonas

Dem atemberaubenden Wandel in Unternehmen begegnen wir am besten, indem wir die Zukunft zur Verbündeten machen. Das setzt voraus, daß wir ganz bestimmte Fähigkeiten entwickeln, die uns für diese Koalition tauglich machen.

Neue Handlungsimpulse, Leadership-Fähigkeiten und Bodenkulturen für das dritte Jahrtausend!

Unsere edelsten Tropfen (das sind nicht unbedingt die reifen Jahrgänge!) sind *Leadership-Fähigkeiten* und glasklare, dynamisierende *Handlungsimpulse*. Sehen Sie selbst, wie fit Sie für den Zukunftslauf bereits sind und geben Sie sich Punkte auf einer Skala von 1–10 (1 Minimum):

Sie …

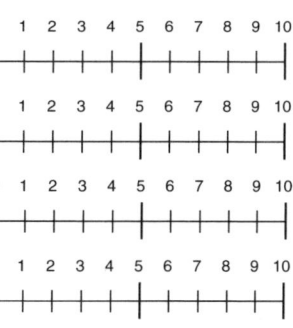

- lieben schnelle Entscheidungen und Fehler

- lieben jede Form von Weiterbildung

- handeln ausgesprochen schnell, spontan, initiativ

- lieben Chaos und schaffen dann Ordnung

- haben eine tiefe Aversion gegen unbelehrbare SystemdenkerInnen

0 1 2 3 4 5 6 7 8 9 10

- sind zutiefst neugierig und halten die Nase stets vorne

0 1 2 3 4 5 6 7 8 9 10

- lieben revolutionäre Zustände und schrille Ideen

0 1 2 3 4 5 6 7 8 9 10

- sind humorvoll und lachen ausgesprochen oft und gern

0 1 2 3 4 5 6 7 8 9 10

- verfügen über tiefe Emotionalität und Impulsivität

0 1 2 3 4 5 6 7 8 9 10

- platzen manchmal vor Ideen und Einfällen

0 1 2 3 4 5 6 7 8 9 10

- sind ruhelos und unzufrieden

0 1 2 3 4 5 6 7 8 9 10

- beklagen sich nie und handeln um so öfter

0 1 2 3 4 5 6 7 8 9 10

- sind Netzwerkerin
- gehören zu den bestinformierten Menschen, die Sie kennen

0 1 2 3 4 5 6 7 8 9 10

- gelten manchmal als verrückt und schräg

0 1 2 3 4 5 6 7 8 9 10

- lieben die Ungewißheit und hassen Sicherheit
- entwickeln täglich Ihre überragenden Kernkompetenzen

0 1 2 3 4 5 6 7 8 9 10

- glauben an Ihre unbedingte Autorität

0 1 2 3 4 5 6 7 8 9 10

- orientieren sich an den Besten Ihrer Branche

0 1 2 3 4 5 6 7 8 9 10

- streben nach Gestaltung Ihrer eigenen Arbeit

0 1 2 3 4 5 6 7 8 9 10

- mögen Krisen und Probleme als Hürdenlauf

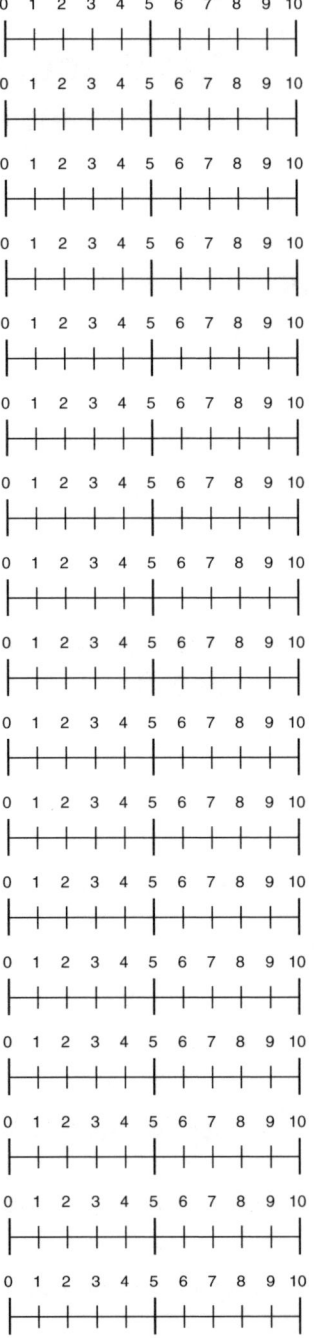

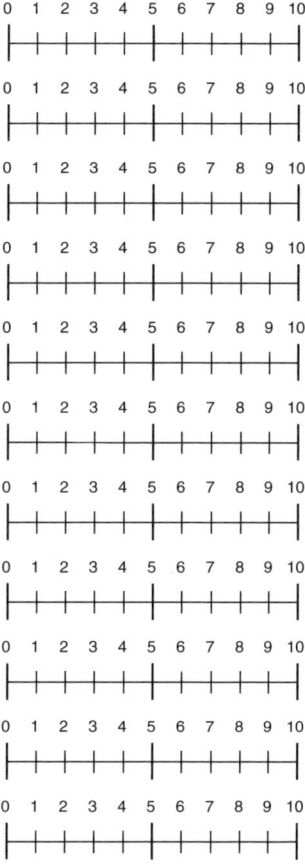

- lieben Wettbewerb

- kennen keine Ohnmachtsgefühle
- schaffen es, blitzschnell die besten Leute zu versammeln
- lieben alles, was andere als unmöglich betrachten

- beschränken sich auf das Wesentliche

- mögen neugierige Mitarbeitende
- sind leidenschaftlich, flexibel und begeisterungsfähig

- suchen permanent nach Marktnischen
- leben abwechslungsreich und vermeiden Einseitigkeiten
- stecken andere mit Ihren Handlungsimpulsen an
- stehen immer wieder auf und gehen neue Wege

Keine Sorge, niemand von uns wird alle Handlungsimpulse im Griff haben. Wichtig jedoch ist die Bereitschaft, sich als Teil einer «lernenden Organisation» zu verstehen. Damit rüsten Sie sich für einen Paradigmenwechsel, der bereits in vollem Gange ist: Der Aktionärsnutzen (Shareholder Value) wird mit der Nutzenstiftung für alle Anspruchsgruppen (Stakeholder Value) verbunden und in einen umweltverträglichen Kontext gesetzt.

Die Führungskräfte eines Unternehmens müssen demnach in der Lage sein, die Verantwortung für den langfristig wirtschaftlichen Erfolg zu kombinieren mit gesellschaftlicher und umweltpolitischer Verantwortung. Peter Gomez, Professor für Betriebswirtschaftslehre an der Universität St. Gallen, beschreibt in seinem Buch «Wertmanagement» die «Vision eines Unternehmens, das ganzheitliches oder vernetztes Denken ernst nimmt und zu seiner Leitmaxime gemacht hat.» und weiter: «... wirtschaftlicher Erfolg, Umweltverträglichkeit und soziale Verantwortung bestimmen gleichgewichtig sein unternehmerisches Handeln.»[1] Es besteht kein Zweifel, daß erfolgreiche Unternehmen heute spüren und erkennen, was ihnen an Erfolgsstrategien fehlt, um die Schnelligkeit des Wandels erfolgreich zu meistern. Diese neuen Strategien setzen ein komplettes Umdenken voraus.

Die neue Führungskraft wird nach neuen Gesichtspunkten selektioniert und qualifiziert: Sie ist InspiratorIn, MotivatorIn und BeziehungskünstlerIn, KommunikationserzeugerIn und sowohl VermittlerIn wie BeschafferIn von Information. Sie ist Vertrauensperson und Ziel-Coach jedes einzelnen. Dieser Führungskraft gelingt der hervorragendste Beitrag zum Unternehmenserfolg: Sie versteht es, die Selbstverantwortung jedes Mitarbeitenden auf 100 Prozent zu steigern. Ebenso gelingt es ihr, mit ihren MitarbeiterInnen zusammen die richtigen (Wachstums-)Ziele zu setzen und sie zu verbindlichen Commitments zu formulieren. Sie versteht es, eine blühende Commitment-Kultur zu schaffen, in der Ziele und Vereinbarungen zum obersten Leistungsprimat gehören und von jedem (jedem!) ultimativ eingehalten werden.

Wir können, wie gesagt, davon ausgehen, daß eine funktionierende Unternehmens-Commitment-Kultur die Effizienz mindestens verdoppelt und Motivation und Identifikation der MitarbeiterInnen um ein Mehrfaches erhöht. Um unternehmerische Power und begeisterte Leistungs-LangstreckenläuferInnen zusammenzubringen, müssen Sieger-Voraussetzungen geschaffen werden.

Siegen kann nur, wer an Vision, Ziele und sich selbst glaubt.

Jeder Block Marmor enthält eine Statue, wenn man nur alle überflüssigen Splitter abgeschlagen hat.

Aristoteles

Die vielzitierten «Nieten in Nadelstreifen» brauchen wir nicht neu zu diskutieren. Wir kennen sie und wollen ihnen unsere Menschen und Organisationen einfach nicht länger anvertrauen. Persönlichkeit und Charakter, Reife und Erwachsensein, Rückgrat und Ethik müssen proportional zu Aufgaben, Verantwortung und Kompetenzen stehen und haben ein Ziel: Wertmanagement.[2]

Solche Frauen und Männer – meine Vision umfaßt eine adäquate Durchmischung von weiblicher und männlicher Brainforce auf *allen* Stufen – verfügen über ein gut diversifiziertes Portefeuille an Know-how, Fähigkeiten und Kompetenzen. Sie schaffen Boden für die neuen Erfolgsparameter wirtschaftlichen Handelns und sie sind in der Lage, als Task-Force-Teams zielsicher durch sämtliche Wetterlagen einer Unternehmensentwicklung zu führen.

Prof. Dr. Christine Hirszowicz hierzu: «... die Verantwortlichen (sollen, Anm. d. Autorin) darauf achten, daß künftige Führungskräfte die Gesamtzusammenhänge erkennen und den Menschen ob der Gewinnchancen nicht vernachlässigen. Die «soft values» dürfen nicht eliminiert werden. Sehr wichtig bei einer Führungskraft ist das Persönlichkeitsformat und die Leaderqualität. Leider wird das Führungspotential von Frauen in unserem Lande noch kaum genutzt.» [3] Wohlan denn, das wird sich ändern!

> *Gut führen kann nur der, der sich an den Erfolgen anderer ehrlich zu freuen vermag.*
>
> Thomas Mann

Sie schaffen

- in erster Linie ein kreatives, wachstumsförderndes, inspirierendes und sicherheitgebendes *Unternehmensklima:* Hier wachsen zwischenmenschliche Beziehungen im Kontext von gemeinsamen Zielen. Hier wächst auch Stolz auf das Unternehmen. Es ist anzunehmen, daß in unserer Single-Gesellschaft das Individuum nach neuen Strukturen sucht. Das smarte Unternehmen anerkennt und nutzt dies, indem es familienähnliche Qualitäten entwickelt und die Bedürfnisse der im Unternehmen tätigen Menschen endlich ernst nimmt.

- *unternehmerische Räume,* in denen Sieger/innen wachsen können! Ab jetzt werden unternehmerische Qualitäten auf jeder Stufe nach *neuen Qualifikationskriterien* beurteilt. Dazu gehört auch, vorurteilsfrei verschiedenste Menschen verschiedenster Kulturen und Denkweisen auf ein gemeinsames Ziel hin zu motivieren. Somit erübrigt sich auch jede weitere Diskussion um Frauen und Männer in Führungsetagen.

- *Leaderinnen und Leader auf jeder Hierarchiestufe*: Innere Stärke, Power, Überzeugung, Motivationsfähigkeit und Durchsetzungsvermögen jedes einzelnen werden gefördert, so daß ein neues Wertmanagement im Unternehmensklima Einzug hält. In Ihrem Unternehmen arbeiten Menschen, die Sozialkompetenz nicht nur buchstabieren können, sondern selbst vorleben.
Führungspersönlichkeiten und Entscheidungsträger/innen, die in der Lage sind, mit der Zeit zu gehen und mit den ständig wechselnden Anforderungen an ihre Führungsqualitäten Schritt zu halten, sind nicht mehr bloße Manager, die Management-Instrumente umsetzen. Sie sind Leaderinnen und Leader.

Qualifikationskriterien der neuen LeaderInnen-Generation

Basis: Unternehmerische Persönlichkeit
- **Reife**
- **Weisheit**
- **Charakter**
- **Sozialkompetenz**
- **Visions- und Umsetzungskraft**

A Management-Fähigkeiten:	B Leadership-Fähigkeiten:
• Kenntnisse und Beherrschung der Management-Instrumente	• Bindungs- und Beziehungsfähigkeit
	• Selbstverantwortung
	• Verantwortungsfähigkeit
	• Denken in Prioritäten
• Fachspezifische Kompetenz	• Fürsorglichkeit
	• Ethik
	• Lernfähigkeit
• Informationsgenerator/in	• Weibliches und männliches Denken
	• Durchsetzungsvermögen in der Sache
	• Sanftheit im Umgang mit Menschen
• Interdisziplinäres Know-how	• Sensibilität/Fingerspitzengefühl
	• Abgrenzungsfähigkeit
	• Beharrlichkeit
• Umfassende Sprachkenntnisse	• Persönliche Wachstumsfähigkeit
	• Neugier
	• Kreativität
• Technologisches User-Know-how	• Kommunikationsfähigkeit
	• Commitment-Fähigkeit
	• Einfühlungsvermögen/Empathie
	• Respekt vor dem Leben
	• Emotionale Stabilität
	• Integrität
	• Ehrlichkeit (auch mit sich selbst)
	• Ökonomie der eigenen Kräfte
	• Erkennen von unternehmerischen Zusammenhängen
	• Entscheidungs- und Durchsetzungsfähigkeit
	• Vorurteilslosigkeit und Offenheit gegenüber Neuem

Als weibliche Führungskraft geben Sie Ihre Power so weiter, daß neue «Boden-kulturen» entstehen können. Konkret und anhand eines 12-Kernkompetenzen-Modells beginnen Sie unverzüglich mit der Implementierung nachfolgend auf-geführter Bodenkulturen, die Sie beliebig ergänzen oder streichen können. Verlieren Sie keine Zeit, denn die Unternehmenswirklichkeit tickt heute nach dem Rhythmus eines Zeitraffers. Sie werden dann gewinnen, wenn Sie schneller, besser und innovativer sind.

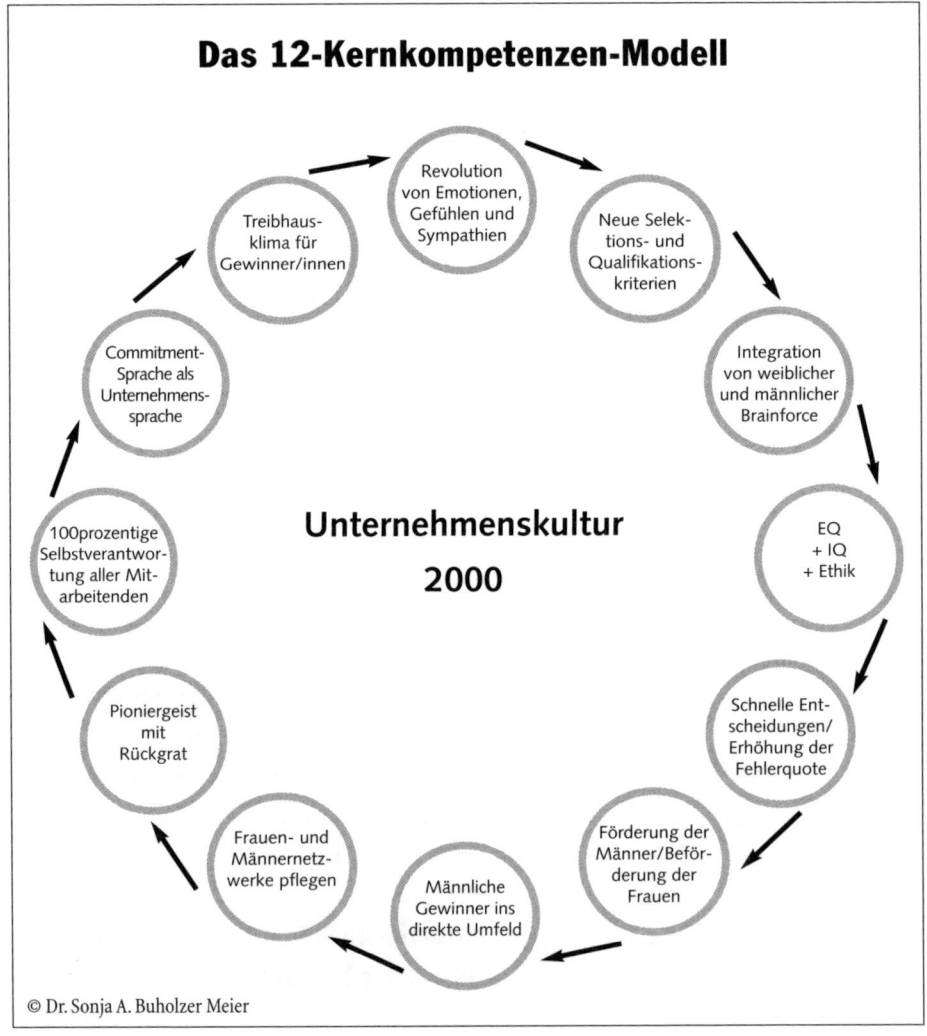

Das 12-Kernkompetenzen-Modell

Revolution von Emotionen, Gefühlen und Sympathien

Treibhaus-klima für Gewinner/innen

Neue Selek-tions- und Qualifikations-kriterien

Commitment-Sprache als Unternehmens-sprache

Integration von weiblicher und männlicher Brainforce

Unternehmenskultur 2000

EQ + IQ + Ethik

100prozentige Selbstverantwor-tung aller Mit-arbeitenden

Schnelle Ent-scheidungen/ Erhöhung der Fehlerquote

Pioniergeist mit Rückgrat

Förderung der Männer/Beför-derung der Frauen

Frauen- und Männernetz-werke pflegen

Männliche Gewinner ins direkte Umfeld

© Dr. Sonja A. Buholzer Meier

12 Grundsätze für die Praxis

1. Verlangen Sie 100prozentige Selbstverantwortung im Betrieb!

Als erfolgreiche Führungskraft sind Sie Ziel-Coach ihrer Mitarbeitenden. Ihnen gelingt es, die Selbstverantwortung jedes einzelnen Mitarbeiters auf 100 Prozent zu steigern. Sie erhalten keine «Jeins», keine Ausreden, Ausflüchte und Rechtfertigungen, weil Sie Verbindlichkeit vorleben. Dafür setzen Sie, zusammen mit jedem Mitarbeitenden, umsetzbare, inspirierende (Wachstums-)Ziele und klare Spielregeln in einer ebenso klaren wie verbindlichen Sprache im Sinne einer Vereinbarung fest. So simpel das tönt: Es ist eine hohe Kunst, unserer verwässerten Sprache absolute Verbindlichkeit zu verpassen. Das muß gelernt und trainiert werden. Die Ergebnisse folgen dann umgehend.

2. Reden Sie eine klare Sprache und verbannen Sie alle «Wenn» und «Aber»!

Holen Sie sich Ihren Wettbewerbsvorteil und schaffen Sie eine verbindliche Sprachkultur: Die Sprache, die Ihre MitarbeiterInnen sprechen, produziert Ergebnisse. Unklare Zielformulierungen liefern unklare Resultate. Erfolg setzt bei der Sprache an: Jedes Ziel ist ein Projekt, das schriftlich und von beiden Seiten für korrekt befunden zur Vereinbarung (Commitment) wird. Es gibt in einem Unternehmen nichts Erfolgreicheres als eine gelebte Commitment-Kultur.

3. Schaffen Sie Gewinnerinnen und Gewinner!

Gewinnen kann nur, wer an Vision, Ziele und sich selbst glaubt. Seien Sie ImpulsgeberIn eines kreativen, wachstumsfördernden, inspirierenden Unternehmensklimas. Aufgrund der zunehmenden Vereinsamung suchen immer mehr Menschen Halt in der Arbeit. Umsichtige Unternehmen tragen dieser gesellschaftlichen Entwicklung Rechnung, entwickeln entsprechende Strukturen und nehmen alle Mitarbeitenden jederzeit ernst.

4. Feiern Sie Emotionen und Gefühle!

Was von Frauen unter dem Terminus «Intuition in der Führung» schon längst abgehandelt wurde, ist nun in der Männersprache unter dem Begriff «emotionale Intelligenz» plötzlich salonfähig. Mit der «emotionalen Intelligenz» und dem neuen, von Goleman geprägten Begriff «Erfolgsquotient» (EQ) werden endlich auch im Geschäftsleben Emotionen für legitim erklärt. Diese Entwicklung ist nichts als folgerichtig: Ohne Gefühl geht nämlich gar nichts! Jeder Verkauf bedingt Sympathie und Vertrauen der Kundschaft und selbst der Shareholder Value gedeiht auf dem «Bauchgefühl» der AktionärInnen. Nun können wir zeigen, wie sich Selbstverantwortung anfühlt, wie Respekt ohne Platitüden gelebt wird und wie Integrität und Ehrlichkeit unser persönliches und geschäftliches Wachstum ankurbeln. Kurzum: Ethik und Kapital sind als Power-Couple akzeptiert. Wir schließen den «Kontrakt zwischen System-Intelligenz und kreativer Emotion»[4], wohlwissend, daß wir ohne diese Koalition in Zukunft auch keine KundInnen mehr haben werden.[5] Bringen Sie Begeisterung und Leidenschaft für Neues in Ihren Betrieb und fördern Sie Ver-rücktes! Von Tom Peters stammt der fast schon legendäre Satz: «Verrückte Zeiten brauchen verrückte Unternehmen.»[6] Und verrückte Unternehmen brauchen folglich entsprechend verrückte LeaderInnen.

5. Qualifizieren Sie nach neuen Kriterien!

Vergessen Sie das veraltete Qualifikations-Formular. Auf die Liste unternehmerischer Qualitäten gehören heute auch Visionskraft, Commitment-Fähigkeit, Inspirations- und Motivationspower, Abgrenzungsfähigkeit, Toleranz und Offenheit im Umgang mit Quer- und Andersdenkenden, die Fähigkeit, Werte zu generieren und gestaltend auf ein wertvolles Arbeitsklima einzuwirken. Letztlich geht es um die Exzellenz in der Zusammenlegung von weiblicher und männlicher Brainforce! Etablieren Sie jede Woche eine offene Brainstorming-Sitzung zu Themen, welche Ihre Mitarbeiter/innen bewegen und finden Sie neue Lösungen für alte Probleme.

6. Fördern und nutzen Sie das Anderssein von Frau und Mann!

Es ist nun wirklich Zeit, daß Frau und Mann voneinander lernen, statt ständig zu rivalisieren und sich zu bekämpfen! Das setzt einiges an Reife und Wissen voraus: Stoppen Sie jede Gleichmacherei und fördern Sie das Anderssein von Frau und Mann! Beide Geschlechter haben im Verlaufe zivilisatorischer Prozesse unterschiedliche Fähigkeiten, Bedürfnisse, Wahrnehmungen und Sprachen entwickelt. Diese unterschiedlichen Qualitäten zu schätzen, weiter zu entwickeln und respektvoll zu nutzen schafft neue Lösungen für alte Probleme. Es macht Spaß zu sehen, wie sich Frauen und Männer im Kontext von Partnerschaft neu begegnen und zusammen besser sind als je einzeln.

7. Entwickeln und fördern Sie weibliches Denken!

Traditionelle, männlich geprägte Denkmuster werden zunehmend von «weiblichem Denken» konkurrenziert. Weibliches Denken kann auch von Männern gelernt werden; ihre besten Trainer sind Frauen. Am besten nehmen Sie weibliches Denken als Kriterium in Ihre Qualifikationsliste auf. Die wesentlichsten Unterschiede zwischen altem und neuem Denken hat die amerikanische Trendforscherin Faith Popcorn[7] wie folgt aufgelistet:

Altes (männliches) Denken	*Neues (weibliches) Denken*
hierarchisch	Teamwork, familiärer Ausgleich
braucht Antworten	will die richtigen Fragen stellen
Identifizierung mit der jeweiligen Rolle	Identität verteilt sich auf div. Rollen
widersetzt sich dem Wandel	sucht den Wandel
zielgerichtet	prozeßorientiert
nur die Erreichung des Ziels zählt	der Weg ist die Lösung
transaktionsorientiert	beziehungsorientiert

8. Verlangen Sie schnelle Entscheidungen, erhöhen Sie täglich die Zahl der Fehler!

Mit Sicherheit passieren in einer entscheidungsfreudigen und handlungsbereiten Arbeitsumgebung mehr Fehler. Mit der Zahl der Fehler steigt aber auch die Zahl der Erfolgserlebnisse – weil nämlich angepackt wird. Wenn auf Worte Taten folgen, geschehen Fehler. Erst diese aber ermöglichen einem Unternehmen, in unsicheren oder neuen Marktkonstellationen selbstbewußt unerwartete Lösungen zu finden.

9. Fördern Sie Männer, be-fördern Sie Frauen!

Sie haben richtig gelesen! Frauen müssen beileibe nicht mehr gefördert werden, denn seit Jahrzehnten arbeiten wir selbst daran. Vielmehr geht der Trend dahin, daß immer mehr Männer in unsere Persönlichkeitsseminare kommen. Es ist für mich inspirierend und motivierend, die Bereitschaft dieser Männer zu spüren, etwas für ihre innere Reifung zu tun. Männerförderung in diesem Sinne ist der Schlüssel für Frauen-Beförderungen, denn nur gereifte Männer sind in der stolzen Lage, hochqualifizierten Frauen den verdienten Platz innerhalb von Direktionen, Geschäftsleitungen, Vorständen und Präsidien einzuräumen und respektvoll das Anderssein willkommen zu heißen.

Stagnierende und infantile Männer, die bestenfalls über ein intaktes Bankkonto und ein beeindruckendes Curriculum Vitae verfügen, werden Sie niemals gewinnen lassen! Im Grunde sind solche Männer ewige Verlierer, meiden Sie also den Umgang mit Ihnen. Verzichten Sie auf jeglichen missionarischen Impetus, versuchen Sie erst gar nicht, diese Art von Stolpersteinen aus Ihrem Weg zu räumen. Sie haben beides nicht nötig.

Und noch etwas: Streichen Sie die Reizwörter Frauenförderung und Feminismus aus Ihrem Vokabular. Sie brauchen sie nicht mehr!

10. Umgeben Sie sich nur mit Männern, die Gewinner sind!

Seien Sie wählerisch und schauen bzw. hören Sie stets zweimal hin, wenn Ihnen eine Bemerkung, eine Geste oder ein Blick mißfällt. Trauen Sie Ihrer Intuition und achten Sie besonders auf die Nebensätze Ihres Gegenübers! Oft gewinnen männliche Gewinner im Stillen und bleiben unerkannt, wenn sie Frauen nach oben coachen und befördern. Umgekehrt entpuppen sich in der Presse als Frauenförderer gefeierte PR-Profis leider nicht selten als Wölfe im Schafspelz. Ich will Sie beileibe nicht entmutigen, stets von neuem Vertrauen zu schenken. Bleiben Sie aber wach und hellhörig. Messen Sie der Suche nach Mentoren und Mentorinnen große Bedeutung bei, und scheuen Sie sich nicht, im Zweifel Referenzen einzuholen. Die Blauäugigkeit von Frauen und die liebreizende Dankbarkeit für ein bißchen Teilhaben führt zwar oft zu einer Fülle von Verantwortlichkeiten, selten aber zu entsprechender Verantwortung. Diese Konstellation mündet fast zwangsläufig ins Opfer-Täter-Modell und schafft Verlierer/innen.

11. Nutzen Sie Frauennetzwerke und werden Sie zur Artistin der Informationsbeschaffung!

Frauennetzwerke funktionieren exzellent. Lassen Sie sich von anderen powervollen Frauen alle Informationen geben, die Sie in der richtigen Wahl Ihrer Umgebung weiterbringen. Sie werden staunen, über wieviel verdichtetes Wissen und einschlägige Erfahrungen Frauen verfügen. Ich gehe davon aus, daß die spürbare Zunahme einer berührenden Solidarität von powervollen Gewinnerinnen zur Ausbildung eines machtvollen und impulsgebenden Know-how-Pools führt. Nutzen Sie diese wunderbare Entwicklung und pflegen Sie Informationspolitik erster Güte!

12. Tragen Sie durchaus Nadelstreifen. Als Frau!

Was immer geschieht, was immer mißglückt: Passen Sie sich niemals an und gehen Sie Ihren Weg einfach weiter. Sie haben das Privileg, jederzeit frei zu gehen, Neues anzupacken und lustvoll neue Wege einzuschlagen. Seien Sie sich dieses Kapitals jederzeit bewußt und bleiben Sie unerpreßbar, konsequent und innerlich ungebunden.

Seien Sie verrückt und bahnbrechend unkonventionell, schnell und stets auf dem Sprung! Nur sich selbst und Ihren Grundsätzen sollen Sie treu bleiben.

Power-Tips:

Heute ist mein LEADERSHIP-TAG, indem ich mich zu folgenden Schritten verpflichte:

- *Ich fordere Ergebnisse: Worte interessieren mich nur, wo Taten folgen.*

- *Habe ich einen Titel, so lasse ich ihn mir nicht nehmen. Wo er mir gestrichen wird, füge ich ihn höflich wieder zu. Ich lasse es nicht zu, daß man mich – oft im Gegensatz zu Männern – ohne Titel anspricht. Ich bin mir bewußt, daß mir meine Ausbildung und Titel mindestens soviel Ansehen und Respekt verschaffen wie einem Mann. Jederzeit gebe ich Auskunft über meine Ausbildung und mei-*

nen Werdegang. Ich respektiere mich selbst genauso wie andere. Ich verhalte mich auch mir gegenüber höflich.

- *Ich bin hörbar und sichtbar!*

- *Ich gehe meinen Weg. Konsequent aber niemals lautlos. Ich tue Gutes und spreche darüber. Mit lauter Stimme und fröhlicher Gelassenheit.*

- *Ich entschuldige mich nicht, wenn ich besser bin als andere. Ich freue mich darüber!*

- *Ich spreche über mich genauso respektvoll wie über andere.*

- *Ich kürze die Dauer von Sitzungen durch meine Erwartungen an Sprache und Kommunikation auf die Hälfte – und fordere das Doppelte an Sitzungsergebnissen.*

- *Wenn ich spreche, stehe ich auf.*

- *Ich lasse mich nicht unterbrechen und verschaffe mir die Redezeit, die ich brauche.*

- *Ich spreche langsam, bedacht, laut und deutlich. Ich achte mich nicht auf Zustimmung oder Ablehnung. Ich sage, was ich zu sagen habe und brauche keine Ermutigungen.*

Anmerkungen

1 Gomez, Peter, *Wertmanagement. Vernetzte Strategien für Unternehmen im Wandel,* Econ, Düsseldorf/Wien/New York/Moskau, 10 und 18–21.

2 vgl. Inglehart, Ronald, *The Silent Revolution. Changing Values and Political Styles Among Western Publics,* Princeton, 1977.

3 Hirszowicz, Christine, *Nachwuchspotential identifizieren,* Interview in: Schweizer Bank, Nr. 1, Zürich, 1999, 34.

4 Ein Begriff von Höhler, Gertrud. *Herzschlag der Sieger,* ebenda, 285.

5 Höhler, Gertrud, ebenda. Interessant ist ihre Analyse und Prognostik hinsichtlich Kundenverhalten; vgl. besonders Stichwort «Kunden nach dem Bruch der Konsumentenrolle – Partisanen auf der Suche nach Vertrauen» ff., 211–263.

6 Peters, Tom, *Das Tom Peters Seminar. Management in chaotischen Zeiten,* Campus, Frankfurt am Main/New York, 1995, 19.

7 Popcorn, Faith, ebenda, 139.

10.
Joint Leadership: Neue Spielregeln der Zusammenarbeit von Frau und Mann

Ein emanzipierter Mann hat genug Herz und Ideale, um sich eine Gefährtin zu wünschen, mit der er seine Gefühle und Gedanken austauschen und die ihn bereichern kann.

Jenny D'Hericourt

Was kann ein Unternehmen tun, um das Potential einer möglichst störungsfreien Zusammenarbeit von Frau und Mann auf Kaderstufe für sich zu nutzen, und was muß trainiert werden, um interne Reibungsverluste und leistungsschädigende Machtspiele zwischen den Geschlechtern zu minimieren?

Karriere-Chancen in kleineren Unternehmen im Dienstleistungssektor größer!

Eine Studie der American Management Association (AMA) zeigt, daß ethnisch und geschlechtlich gemischte Unternehmensspitzen längerfristig produktiver und profitabler arbeiten als Führungsteams, die sich aus weißen Männern über 40 mit europäischer Abstammung zusammensetzen. Die AMA hat zusammen mit der Vereinigung der Businessfrauen mehr als tausend Unternehmen aus allen Wirtschaftsbereichen und Größenkategorien untersucht. Die Studie stellte die Zusammensetzung der «senior management teams» der Firmen in Relation zu Daten wie Umsatz, Marktanteil, Aktien- und Buchwert, Rentabilität und Produktivität.[1]

Die Untersuchung lieferte folgende Ergebnisse:
- Heterogenität in Führungskadern in bezug auf Geschlecht, ethnische Abstammung und Altersgruppe korreliert mit einer besseren Unternehmensleistung.
- «Offene» Führungsteams mit einem beträchtlichen Anteil Personen, die von außerhalb der Unternehmung zugezogen wurden, leisten mehr als Gremien, die durch Beförderungen innerhalb der Firma entstanden sind.
- Jüngere Führungskräfte müssen einbezogen werden; Unternehmen, deren Führungskader auch Personen enthalten, die jünger als 40 Jahre sind, zeigen bessere Ergebnisse als Firmen mit durchwegs älteren Managern.

Des weiteren ergab die Studie, daß im Top-Kader von kleineren Firmen der Prozentsatz von Frauen, Vertretern ethnischer Minderheiten und jüngeren Führungskräften tendenziell höher ist als in größeren Unternehmen. Analog dazu nimmt die Wahrscheinlichkeit, daß Mitglieder dieser «nicht traditionellen» Gruppen eine Mehrheit in der Geschäftsleitung stellen, umgekehrt proportional zur Größe des Betriebs zu. In der untersuchten Zeitspanne verzeichneten kleinere Firmen generell eine höhere Wachstumsrate als größere Unternehmen. Ein weiterer Befund zeigt, daß Frauen im Dienstleistungssektor einen größeren Prozentsatz der Führungspositionen (durchschnittlich 24,3 Prozent) innehaben als in der verarbeitenden Industrie (12,9 Prozent). Überdurchschnittlich gut vertreten sind weibliche Führungskräfte im Finanz-, Versicherungs- und Immobilienbereich, den höchsten Anteil erreichen sie in den Branchen Kommunikation (31,6 Prozent) und «Business and professional services» (31,4 Prozent), letzterer werden unter anderem Unternehmensberatung und Software-Entwicklung zugeordnet. Interessant ist nun, daß genau diese Sektoren in allen von der Studie untersuchten Performance-Kategorien die verarbeitende Industrie übertrafen! Das mag verschiedene Gründe haben, fest steht aber, daß Frauen die ihnen im Dienstleistungssektor gebotenen Aufstiegschancen wahrgenommen haben und zusammen mit diesem Wirtschaftszweig erfogreich waren.

Die Wahl der Firma ist für Ihre Karriere also entscheidend. Kleinere Unternehmen der Dienstleistungsbranche bieten Ihnen heute die beste Plattform für Ihren Durchstart.

Zwei Welten prallen aufeinander

Wenn Frauen und Männer nebeneinander Karriere machen wollen, kreuzen sich die Klingen. Wir Frauen fühlen uns ausgegrenzt, von männlichen Spielregeln torpediert und trotz überdurchschnittlichem Einsatz mit zu wenig Respekt behandelt. Männer fühlen sich bedroht, beobachtet und von fremdartigen Eindringlingen verunsichert. Daraus ergeben sich Macht- und Territorialkämpfe, die zu einem wenig erfreulichen Unternehmensklima führen. Wir haben ein vollkommenes Mißmanagement von weiblichen und männlichen Fähigkeiten betrieben! Unser Ziel kann nicht das vielzitierte *Miteinander* von Frauen und Männern sein; es läuft fatalerweise auf Gleichmacherei hinaus und beinhaltet ein großes Konfliktpotential. Vielmehr geht es um das respektvolle *Nebeneinander* der Geschlechter, die vollkommen andere Grundbedürfnisse, Reaktionen, Erwartungen, Fähigkeiten und ein völlig unterschiedliches Sprachverhalten mitbringen. Wenn wir dieses vollkommene Anderssein kennen, akzeptieren und gegenseitig fördern, ebnen wir den Weg zu einer neuen Führungskultur, in der starke Männer und starke Frauen ihre unterschiedlichen Qualitäten einbringen können.

«Advanced Leadership» in der Praxis basiert auf der Betonung dieses großen Unterschieds und der Analyse der Konfliktfolgen bei Nichtbeachtung. Durch Fallstudien, Rollenspiele und Video-Supervisionen werden sowohl Konfliktherde als auch neue Wege in der Zusammenarbeit von Frau und Mann untersucht und direkt erfahrbar gemacht.

Gedanken über eine sinnvolle Nutzung der vereinten Fähigkeiten von Mann und Frau macht sich auch der Psychologe und Bestsellerautor John Gray[2]. Gray geht von der Hypothese des «Ganz-anders-Seins» von Frau und Mann aus und bietet in seinen Werken mit pointierter Schärfe Fallstudien dar.

Das Schlagwort der Zukunft: «Joint Leadership»: Frauen und Männer bilden, gemeinsam und nebeneinander, unschlagbare Führungsteams.

Unternehmenskultur und Zeit

In den Fundus einer langfristig fruchtbaren Unternehmenskultur muß viel Energie und Zeit investiert werden. Wie sensibel und intelligent dieser Boden kultiviert werden muß, illustriert für mich das Beispiel des Bambus: Will ich einen starken Bambus züchten, muß ich eine Sprosse in die Erde legen und vier Jahre lang täglich gießen, liebevoll pflegen und hüten, ohne je mein Tun belohnt zu sehen. Entscheidend ist mein Vertrauen in das richtige Gedeihen meines Schützlings, denn ich pflege ihn täglich, ohne zu wissen, ob er lebt.

Nach vier Jahren erst wird dieser Bambus aus der Erde schießen, um in nur 90 Tagen gegen 20 m zu wachsen.

Dieses Bild zeigt anschaulich, wieviel Liebe, Geduld und Glaube an den richtigen Lauf der Dinge vonnöten ist, um Kultur in ihrer reinsten Form erblühen zu lassen.

Sprechen Sie in Ihrem Unternehmen von Unternehmenskultur und vom Unterschied zwischen den Geschlechtern. Lassen Sie die anderen teilhaben an Ihren Erkenntnissen und experimentieren Sie bewußt auf der Bühne des Geschlechterkampfes im Sinne einer neuen Wegbeschreitung des respektvollen Nebeneinanders von Frau und Mann.

Vielleicht inspiriert Sie in diesem Zusammenhang ein Gedicht, das ich vor einiger Zeit von einer Frau erhielt, die sich als Managing Director in einer der erfolgreichsten europäischen Investmentgesellschaften einen Namen gemacht hat und maßgeblich am Erfolg der Unternehmensentwicklung beteiligt ist:

Play it again – Sam
Kein schöner Land in dieser Zeit
Wenn die Sesseltänze schneller werden
und die Beine im Wind sich drehen
dann heißt es: festhalten!

Mit dem Power, den man Dir, oh Frau, beigebracht hat
keine geordneten Rückzüge
Rein in den Stollen
alle Mann voraus

Dann heißt es zeigen, was ein echter Kämpfer ist
alles erlaubt
mit Verlaub
Paktieren, taktieren, manövrieren

Mit-Gliedern alles gestattet
Fremdkörper raus
möglichst so,
daß keine Presse der Welt davon Wind kriegt

Mein liebes Fräulein darf ich's wagen
Arm und Geleit ihr anzutragen (auch Goethe irrte!)

Was für ein Karussell
das der Wirtschaft

mal rauf, mal runter
immer munter

males only

wir wollen doch Kaderfrauen
doch wir kriegen keine

lange, kurze, gerade, krumme Beine
Hauptsache, die Rocklänge stimmt

Mit andern Maßen wird gemessen
dort, wo Lohnhöhe und Hierarchie sich die Hand reichen

mit Sicherheit nicht in der Chefetage
dort, wo die Macht gemacht wird.

Und wenn eine Female sich dahin verirrt
zeigt die männliche Riege schnell,
wo Kaffeemaschine und Backoffice – Macht sich setzt.

Da brauchst Du keinen Doktor-Titel, Schätzchen.
Akademikerinnen sind ohnehin nicht so easy to handle
Sondern laufen Gefahr, dem Karussell männlicher Macht
souverän den Tritt in den Hintern zu geben.

Derart, daß die Gravitation die werten Männerhintern
aus dem Sessel wirft
und zu unsanften Höhen- und Tiefenflügen in die Sandkästen der Bubenspiele
schleudert
derart, daß kleine, selbstgepflügte Burgen und Gärten der Macht
zu Sand zermalmen.

Ihre Leblosigkeit preisgeben.

Der Preis ist hoch.
Image und Reputation heißt die Rechnung.
Nicht Persönlichkeit und innere Würde.

Und das Bier, selbstverständlich nach Büroschluß
mit obligatem Schulterklopfen
und kollegialem Koalitionsschließen

auch noch einen bitteren Nachgeschmack erhält.

Ein zu hoher Preis für ein paar Zentimeter Frauenbeine.

Frauen und Männer können lernen, sich gegenseitig zu motivieren

Erst die Erfüllung der bei Frau und Mann unterschiedlichen Grundbedürfnisse ermöglicht ein konstruktives, erfolgreiches Zusammenarbeiten. Männer brauchen in erster Linie Signale von Vertrauen, Akzeptanz, Anerkennung, Zustimmung und Ermutigung; Frauen Signale von Respekt, Wertschätzung, Sicherheit, Fürsorge, Hingabe und Verständnis.

Frauen und Männer entziehen sich durch die Nichterfüllung ihrer unterschiedlichen Grundbedürfnisse gegenseitig Motivation und Energie für die Zusammenarbeit.

Männer tun dies primär durch Nicht-Zuhören, Nicht-Eingehen auf implizite Botschaften, durch das Erteilen ungefragter Ratschläge anstelle von Verständnissignalen, durch Trivialisierung von Gefühlen, Rechthaberei und Rückzug.

Tip:
Nehmen Sie das nicht persönlich! Viele Männer ticken so. Machen Sie Ihrem Gesprächspartner aber durchaus klar, was Sie bedrückt.
Sprechen Sie aus, was Sie verletzt und irritiert. Gehen Sie doch einfach davon aus, daß Ihr männliches Gegenüber dankbar ist, dazuzulernen. Und sprechen Sie in der Ichform, ohne in die Position des Vorwerfens zu gelangen.

Frauen tun dies primär durch Erziehungsbemühungen, ungefragte Hilfeleistungen, Nicht-Anerkennung dessen, was er für sie tut, rhetorische Umgehung dessen, was sie wirklich wollen, nicht nein sagen, durch das Persönlichnehmen von Kritik und Einsatz oft bis zur Erschöpfung.

Tip:
Lassen Sie jede Männererziehung bleiben. Es bringt nichts. Eine amerikanische Schauspielerin, bereits in siebter Ehe verheiratet, bemerkte hierzu lakonisch:
«Frauen, hört endlich auf, die Männer erziehen zu wollen. Dazu sind Besserungsanstalten da!»

Sagen Sie klipp und klar, was Sie sagen wollen und nehmen Sie heute nichts, aber gar nichts, persönlich. Gehen Sie einfach davon aus, daß der Mann, dem Sie eben gegenüber sitzen, ein Mann ist: anders als Sie, lernbereit und offen für Wachstum. Ist er das nicht, lassen Sie ihn sitzen und gehen Sie!

Fallbeispiel mit Aufgabenstellung

Die Ausgangssituation: *Sie (männlicher Teilnehmer) sind seit vielen Jahren Abteilungsleiter Marketing & Public Relations einer Bank und führen sieben Direktunterstellte. Vier Ihrer Mitarbeiter sind männlich, drei weiblich, zwei davon arbeiten im Sekretariat. Sie sind allesamt seit vielen Jahren bei Ihnen und soweit gut etablierte, ruhige Mitarbeitende.*

Sie haben nun von Ihrem Vorgesetzten den Auftrag erhalten, dieses Jahr ein Gesamtkonzept «Total Quality Marketing» zu erstellen, was weder Sie noch Ihre Mitarbeitenden zustande bringen.

Aus diesem Grund haben Sie eine junge promovierte Hochschulabsolventin, Dr. Lora Stein, eingestellt, die hochambitiös Konzeptarbeit leistet und freiwillig fast jeden Abend bis spät in die Nacht daran arbeitet.

Dr. Lora Stein ist seit rund drei Monaten in Ihrer Abteilung und wird von der gesetzten Schar altgedienter Mitarbeiter beobachtet. Sie ist mit sich so streng wie mit den anderen und legt wenig Wert auf soziale Integration. Für sie zählt Leistung und in dieser Hinsicht scheint sie von den anderen nicht sehr viel zu halten.

Dr. Lora Stein fordert zunehmend Respekt und Wertschätzung und will wissen, bis wann sie mit welchen Karriereschritten zu rechnen hat. Geld ist kein Thema, dafür Karriere. Damit wird sie zu Ihrer persönlichen Bedrohung.

Sie benötigen Dr. Lora Stein als Top-Fachfrau. Sie haben es bis jetzt nicht geschafft, sie zu integrieren und können mit ihrem Verhalten und ihrer ungewohnten Arbeitsweise nicht umgehen. Bis jetzt sind Sie ihrer Forderung nach einem Gespräch aus dem Weg gegangen. Heute Vormittag hat Sie Dr. Lora Stein angerufen und ultimativ eine Aussprache gefordert, ansonsten sie kündigen würde. Sie wissen nicht, was auf Sie zukommt, haben aber einen Termin vereinbart.

Aufgabe: *Zwei Übungsteilnehmende (eine Frau und ein Mann) bereiten sich unter Berücksichtigung aller Joint-Leadership-Faktoren auf das Gespräch so vor, daß eine konstruktive Lösung möglich wird.*

In diesem Fall üben Chef und Mitarbeiterin in einem Rollenspiel die neuen Umgangs- und Kommunikationsformen. Während der männliche Part aktives Zuhören, offenes Fragen, Einfühlungsvermögen, den Umgang mit impliziten Botschaften seiner Mitarbeiterin übt, während er mit verschiedenen Möglichkeiten der Erfüllung ihrer Grundbedürfnisse wie Respekt, Wertschätzung, Sicherheit, Fürsorge, Hingabe und Verständnis experimentiert, erlebt er gleichzeitig die Schwierigkeit, mit den eigenen Vorurteilen und Ängsten konstruktiv zu operieren. Allzuoft werden männliche Gesprächspartner ihrem Gegenüber ins Wort fallen, Ratschläge erteilen, verhandlungstechnische Instrumente der Macht und Dominanz einsetzen. Der weibliche Part muß sich also bemühen um Selbstbehauptung, Ich-Stärke, Beharrlichkeit, das Setzen von Grenzen und klaren Statements.

Nach diesem Gespräch äußern im Plenum alle Teilnehmenden ihre Beobachtungen. Diese und die Video-Visionierung ausgewählter Sequenzen fördern manch unerwarteten Konfliktherd und viel Situationskomik zutage. Die Nichtbeachtung solcher Konfliktherde kann zum Zusammenbruch von Leistung und Motivation in einem Unternehmen führen. Historisch gewachsene Verhaltens- und Kommunikationsformen sitzen tief. Die Veränderung solcher Muster bedarf intensiver Bemühungen. Interessanterweise registriere ich in meinen Firmenseminaren, die genau diesen Themenkreis zum Gegenstand haben, einen kontinuierlich zunehmenden Männeranteil. Lag er vor zwei Jahren noch bei rund dreißig Prozent, ist er bis heute auf gegen 75 Prozent gestiegen. Dieser Trend ist zu würdigen. Er belegt, daß immer mehr Männer bereit sind, ihre Qualitäten in der Zusammenarbeit mit Frauen in Frage zu stellen und weiterzuentwickeln.

Ein wichtiger Hinweis zum Schluß: Geben Sie jedem Mann die Chance, an diesen Themen mit Ihnen zusammenzuarbeiten. Sprechen Sie über Ihre Erkenntnisse, stellen Sie Fragen, seien Sie mit den Männern in Ihrem Umfeld geduldig. Männer hinken in diesen Fragen hinten nach und jeder einzelne Mann, der grundsätzlich bereit ist, sich weiterzuentwickeln, gehört wohlwollend in Ihren Kreis.

Bin ich hellwach, mitten am Tag, werden meine phantastischsten Träume wahr.
Lorenz Hardt

Männer aber, die nicht vorwärtskommen wollen, sollen Sie kommentarlos in Ruhe lassen. *Missionieren Sie niemals!* Andernfalls wird Ihnen in kürzester Zeit das Label der Emanze anhaften. Mit dieser Etikettierung lösen Sie Sturmfluten von männlichen Ängsten aus, und damit erreichen Sie nicht das Geringste. Es ist in diesem Falle weiser, mit Worten zu sparen und im Stillen konsequent zu handeln.

Power-Tips:

Heute ist mein JOINT-LEADERSHIP-TAG, indem ich mich zu folgenden Schritten verpflichte:

- *Ich stehe dazu, anders als Männer zu sein und freue mich darüber! Ich schaffe jederzeit «win-win-Situationen» und mache Männer zu Gewinnern. (Jeder Verlierer schlägt zurück!)*

- *Wenn ich anders als Männer denke, spreche, werte und handle, so tue ich dies jetzt bewußt. Ich stehe dazu, wenn ich eine andere Meinung habe. Ich bin stolz darauf, eine erweiterte Sicht der Dinge einzubringen.*

- *Ebenso freue ich mich, wenn ein Mann eine andere Sichtweise und Meinung einbringt. Ich höre ihm aufmerksam zu, ergänze meine persönliche Betrachtung mit seiner männlichen Sichtweise und lege alle Meinungen auf ein Schachbrett. Nun spiele ich mit den unterschiedlichen Meinungen Schach und denke über die ihnen zugrunde liegenden Strategien nach!*

- *Heute nehme ich jeden Mann in meinem näheren Umfeld als Chance, etwas mehr über die «Marsianer» (John Gray) in Erfahrung zu bringen. Ich stelle mir vor, ich sei auf einer Expedition auf einem fernen Planeten und begegne der Spezies Mann mit höchstem Interesse und wissenschaftlichem Eifer. Ich lasse mich überraschen. (Sie werden erstaunt sein und die Männer von Ihnen entzückt!)*

Kommunikationsstörungen als Motivations-Killer

Wir wissen, daß Frauen und Männer, obwohl sie dieselbe Sprache sprechen, diese vollkommen anders handhaben. Daraus entsteht ein Potential an Mißverständnissen, das seinesgleichen sucht.

Machen wir uns also daran, die Sprache nach ihrem geschlechtsspezifischen Gebrauch zu untersuchen, Unterschiede zu erkennen und eine Form von Dolmetscher-Fähigkeiten zu entwickeln, die eine Kommunikation zwischen den Geschlechtern überhaupt erst ermöglicht.

Das Zusammenspiel von verbalen Äußerungen, nonverbalen Verstärkungen und den Reaktionen des Gesprächspartners wird in Video-Analysen transparent. Schnell wird klar, wie häufig Kommunikationsstörungen Konflikte hervorrufen, wie nötig es ist, in Mitarbeitergesprächen den Faktor Geschlecht zu berücksichtigen und ein Instrumentarium an Übersetzungshilfen zur Hand zu haben.

Unternehmen erkennen, daß eine ergebnisorientierte Zusammenarbeit ihrer Mitarbeiterinnen und Mitarbeiter Sozialkompetenz und ein gutes Unternehmensklima voraussetzt. Aufgabe der Unternehmensleitung ist es, die ganz unterschiedlichen Stärken der Mitarbeiterinnen und Mitarbeiter zu nutzen.

Wenn alle gleich denken und handeln, entsteht nichts Neues! Innovativ ist der Zusammenschluß von weiblicher und männlicher Brainforce.

Erst die Vielfalt von Ansichten, Fähigkeiten, Stärken und Charakterzügen bringt Innovation und Leistungsbreite. Aus dieser Einsicht entstehen Toleranz und Respekt. Daraus wiederum ergeben sich Freiräume für die individuelle Entfaltung aller Mitarbeitenden.

Bei jeder mittel- und langfristigen Personalplanung und Konzeption von Managemententwicklung ist eine geschickte «Asset Allocation» von fraulichen und männlichen Stärken von entscheidender Bedeutung. Moderne Unternehmen haben dies erkannt und sehen den Schlüssel zum Erfolg im Prinzip der Differenz.

Power-Tips:

Heute ist mein TAG DES LÄCHELNS, indem ich mich zu folgenden Schritten verpflichte:

- *Ich schreite über die Lebensbühne als stolze, bunte und souveräne Frau!*

- *Ich betrachte jede/n MitspielerIn als SchauspielerIn und frage mich stets, welche Rolle sie/er spielt. Wenn ich Entscheidungsträgerin bin, stelle ich mir die Frage, ob meine MitspielerInnen bessere Rollen verdient haben und entwerfe ein Portefeuille der BühnendarstellerInnen meines Wunsches.*

- *Nichts bringt mich heute um meine powervolle, gute Stimmung. Ich allein bestimme meine emotionale Verfassung. Ich sprühe vor Inspiration und Power und stecke andere damit an. Ich weiß, daß ich ein Vielfaches zurückerhalte.*

- *Ich bin Mutmacherin und Spenderin von Selbstvertrauen für Frauen. Genauso ermutige ich auch die Männer in meinem Umfeld, anders sein zu dürfen, als Frauen es sind.*

- *Ich verteile großzügig Komplimente, wenn mir etwas wirklich gefällt.*

Spielregel Nr. 1: Innovation entsteht in Freiräumen für Andersdenkende!

Frauen und Männer haben verschiedene Überlebensstrategien entwickelt. Sie unterscheiden sich grundlegend voneinander und werden in jedem Moment der Zusammenarbeit evident. Wenn Männern generell vorgeworfen wird, sie verfügten über weniger Sozialkompetenz, Einfühlungsvermögen und integratives Denken, so wurden diese Fähigkeiten deshalb weniger entwickelt, weil sie in der

Geschichte des Mannes keine primären Überlegensfähigkeiten darstellten. Wenn hingegen Frauen mit Karrieredrive vorgeworfen wird, sie hätten zuwenig Durchsetzungsvermögen, Ich-Stärke und Wettbewerbsdenken, hat dies wiederum mit demselben historischen Erbe zu tun.

Den traditionell männlichen Hauptstrategien Kampf, Selbstbehauptung, Konfrontation und Verteidigung stehen die fraulichen Überlebensstrategien soziale Integration, Fürsorglichkeit, Harmonie- und Pflegearbeit, Aufopferung und Selbstaufgabe gegenüber.

Ein Unternehmen, das die Fähigkeiten beider Geschlechter für die eigenen Ziele nutzen will, schafft ein Klima des Respekts für kreatives und unkonventionelles Handeln, für lineares und prozeßorientiertes Problemlösen. Es schafft ein gutes Klima für Andersdenkende. Als solche empfinden sich schließlich beide Geschlechter.

Power-Tips:

Heute ist mein UNTERNEHMERINNEN-TAG, indem ich mich zu folgenden Schritten verpflichte:

- *Ich bin Lebens-Unternehmerin! Ich unternehme etwas ganz Verrücktes, etwas, wovon ich schon lange träume, und das ich trotzdem nie getan habe. Just do it – ist mein Motto!*

- *Mit den Menschen in meinem Umfeld plane ich zwei ver-rückte, Projekte, eines für den privaten, ein zweites für den beruflichen Bereich. Diese Projekte sollen uns zusammenschweißen und uns die gemeinsame Power spüren lassen!*

- *Ich lese die Zeitung am ausführlichsten auf den Seiten, die ich bisher am wenigsten beachtet habe. Ich entdecke Neues und erweitere meinen Horizont!*

- *Ich besuche eine Veranstaltung, mache eine Besichtigung oder sehe mir einen Film aufmerksam an. Ich lasse mich von neuem faszinieren.*

- *Ich ziehe mich so an, wie ich möchte und werfe für einen Tag alle alteingesessenen Konventionen über Bord! Mit meinen Kleidern signalisiere ich mir selbst meinen Mut, mich so zu geben, wie ich fühle. Jetzt!*

Spielregel Nr. 2: Voneinander lernen *müssen!*

Gute Zusammenarbeit ist gute Beziehungsarbeit. Viele Frauen sind ausgesprochene Beziehungskünstlerinnen. Männer hingegen verstehen die Spielregeln des Wettbewerbs und des Sich-Messens. Ein Unternehmen muß beide Stärken nutzen und beide Parteien so einsetzen, daß sie voneinander lernen müssen, um ein Ziel zu erreichen. Unter diesem Gesichtspunkt müssen Inserate gestaltet, Selektionsgespräche geführt, Assessments formuliert, interne Weiterbildungen organisiert und Projektgruppen zusammengestellt werden. Männer lernen von Frauen differenzierte Sprach- und Kommunikationsfähigkeiten, Einfühlungsvermögen, Intuition, Sozialkompetenz, Denken in Zusammenhängen, Respekt vor Leben und Ethik. Frauen hingegen lernen von Männern die Entwicklung von Selbstvertrauen, Durchsetzungsvermögen, Beharrlichkeit, Konfrontation und Ich-Stärke. Voneinander lernen heißt auch: Männer lernen wieder zu geben, Frauen lernen zu nehmen.

Power-Tips:

Heute ist mein WACHSTUMS- UND LERNTAG, indem ich mich zu folgenden Schritten verpflichte:

- *Ich lebe meine Intuition im Einklang mit meinem Verstand. Ich höre auf meine innere Stimme und nehme sie ernst.*

- *Ich ermutige Männer in meinem Umfeld, ebenso darauf zu hören. Ich verwende allerdings niemals das Wort «Intuition», sondern spreche von emotionaler Intelligenz. Vielleicht habe ich Lust dazu, in meinem Berufsumfeld ein kreatives Brainstorming zum Thema zu machen. Das Ziel ist ein Beitrag zu einem Arbeitsklima, in dem es Spaß macht zu arbeiten.*

- *Ich ermutige die Männer in meinem Umfeld zum Geben. Frauen ermutige ich anzunehmen, was sie geschenkt erhalten (auch Lob!).*

- *Ich selbst nehme bewußt auf und an, was mir geschenkt wird und genieße jedes Lob, jede Anerkennung und jede ritterliche Geste in vollen Zügen. Ich schlage die Männer um mich herum zu Rittern. Allenfalls vorhandene Raubritter schicke ich lächelnd aus meiner Burg.*

Spielregel Nr. 3: Kommunikation versetzt Berge!

Der geschlechtsspezifische Sprachgebrauch ist in den letzten Jahrzehnten Gegenstand unzähliger wissenschaftlicher Untersuchungen gewesen und ist es immer noch. Es steht außer Frage, daß beträchtliche Unterschiede bestehen. Die nachfolgenden Umschreibungen der Geschlechtersprachen stellen wesentliche Merkmale verallgemeinernd dar und wollen auch so, im Sinne einer Tendenz, verstanden werden.

Frauensprache ist prozeßorientiert, mitteilungsstark und freiheitlich, ist geprägt vom Gebrauch von Superlativen, freien Assoziationen, Metaphern, Verallgemeinerungen und emotionaler Wortwahl. Nicht selten verwendet Frauensprache dramaturgische Effekte, um eine Sachlage in ihrer ganzen Tragweite zu kommunizieren. Das nennt sich dann nicht Übertreibungen oder Ungenauigkeiten, sondern ist ganz einfach die Sprache der Frau.

Männer können lernen, eine Frau durch aktives Zuhören, nonverbale Signale, durch das Zurückhalten von (nicht immer!) willkommenen pfannenfertigen Ratschlägen, mit aktivem Fragen und Ich-Botschaften zu unterstützen.

Männersprache ist die Sprache der Nüchternheit. Oft schweigen Männer, bis sie eine Lösung gefunden haben. Die Sprache des Mannes ist verpackt in Fakten, Zahlen und emotionsarme Wortwahl. Das nennt sich nicht karge Statements oder nüchterne Tatsachenberichte, sondern ist ganz einfach die Sprache des Mannes. Hinter dieser Sprache sind Verwundbarkeiten, Emotionen, Ängste und Unsicherheiten versteckt.

Das Fallbeispiel in diesem Kapitel hat gezeigt, wie Kommunikationsstörungen zwischen Frauen und Männern auch auf Führungsebene angegangen werden können. Die nachfolgenden Power-Tips bieten Ihnen zusätzlich Hilfestellung.

Von unschätzbarem Wert ist die Fähigkeit, die Sprache des anderen Geschlechts in die eigene Sprache übersetzen zu können. Versuchen Sie zu verstehen, verzichten Sie aber, ich will es noch einmal betonen, auf Gleichmacherei. Der Weg liegt in der Differenz.

Power-Tips:

Heute ist mein KOMMUNIKATIONS-TAG, indem ich mich zu folgenden Schritten verpflichte:

- *Ich führe mit einem Mann, mit dem ich zur Zeit eine Kommunikationsstörung habe, bewusst ein Gespräch. Ich achte mich auf seine Sprache und die dahinter versteckten, gut verpackten Aussagen. Ebenso achte ich ganz besonders auf seine Nebensätze.*

- *Ich führe jedes Gespräch mit Fragen.*

- *Ich verzichte auf Vorwürfe, allzu emotionale Äußerungen, Ratschläge und erzieherische Bestrebungen. Ich spreche in der Ichform und frage Ihn um seine Meinung. Ich höre ihm zu mit Intellekt, Intuition und meinem fraulichen Ohr. Zu keinem Zeitpunkt verliere ich dabei meine eigene Meinung aus den Augen.*

- *Ich ergreife jederzeit das Wort und spreche so lange, bis ich meine Botschaft gesagt habe. Ich lasse mich nicht unterbrechen und achte auf die Länge meiner Sprechzeit. Ich weiß, daß in der Männer-*

sprache die Länge der Sprechzeit (daher die vielen Redundanzen bei Männervoten!) mit der Höhe der Akzeptanz und der hierarchischen Einordnung korreliert. Ich spiele mit dem Gradmesser meiner Akzeptanz!

Spielregel Nr. 4: Selbstbewußt Freiräume betreten und schaffen!

Natürlich besteht mancherorts noch viel Nachholbedarf, moderne Unternehmen haben aber erkannt, wieviel Potential in der Zusammenlegung von weiblichen und männlichen Fähigkeiten liegt. Treten Sie in die neu entstandenen Freiräume und sorgen Sie dafür, daß das Umdenken weiter um sich greift. Ihr wichtigstes Kapital ist Ihr Selbstvertrauen.

Power-Tips:

Heute ist mein TAG DES SELBSTVERTRAUENS, indem ich mich zu folgenden Schritten verpflichte:

- *Ich traue meinen Gefühlen, meiner Intuition und meinem Verstand. Ich zweifle nicht und handle konsequent. Ich stecke Selbstzweifel und die Zweifel anderer einfach weg.*

- *Ich bin bewußt nicht perfekt und genieße es. Ich arbeite nach drei Prioritäten, die ich mir am Morgen aufschreibe. Alles andere ist heute nicht wichtig.*

- *Ich lebe in aller Selbstverständlichkeit dieses «Ich bin anders». Ich bin kein weiblicher Ritter in männlicher Rüstung, sondern ein weiblicher Ritter mit weiblicher Rüstung. Ich lebe friedvoll ruhend in mir selbst.*

- *Ich bleibe konsequent am Ball, an der Sache, und fühle mich deshalb nicht unweiblich. Im Gegenteil!*

- *Ich bin bereit für das Beste im Leben und vermeide jede Form von Selbstsabotage.*

Sie haben es in der Hand, zum mutmachenden Coach vieler anderer Menschen zu werden. Ganz besonders wir Frauen brauchen aufgrund unserer Geschichte Vorbilder, die zeigen, was morgen erreichbar und heute bereits möglich ist. Immer mehr Frauen beweisen hervorragende Kompetenz und Persönlichkeit. Immer mehr Frauen leisten nicht nur bei gleichem Gehalt mindestens doppelt soviel wie Männer, sondern schaffen durch ihr Anderssein zusätzlichen Mehrwert in ihrer Arbeitswelt. Es ist deshalb Ihre unbedingte Aufgabe, Ihre Qualitäten nicht nur im stillen Kämmerlein und unter Ausschluß der Öffentlichkeit unter Beweis zu stellen, sondern darüber zu sprechen, zu Ihrer Leistung zu stehen und ein Marketing in eigener Sache zu betreiben. Werden Sie öffentlich. Sie tun damit nicht nur sich und Ihrem Selbstwert einen Gefallen, sondern auch allen Frauen und Männern, die noch nicht soweit sind und eine inspirierende Motivatorin brauchen, um ebenfalls zu wachsen.

Power-Tips:

Heute ist mein MOTIVATIONS-TAG, indem ich mich zu folgenden Schritten verpflichte:

- *Ich selbst bin mir mein eigenes, eigenwilliges, unbescheidenes Vorbild, meine beste Kritikerin und meine treuste Freundin.*

- *Ich entschuldige mich nicht, wenn ich besser war als andere.*

- *Ich fördere als Mentorin Nachwuchsfrauen und charakterstarke Männer.*

- *Ich bin mir 100prozentig treu.*

- *Heute befasse ich mich nur mit Angelegenheiten, die mir besonders wichtig sind. Wo es mir an Herzblut fehlt, sage ich nein. Ich vertraue darauf, daß ich nur dort erfolgreich sein kann, wo ich mit Herz und Seele an der Sache bin.*

Seien Sie ganz und gar unbescheiden, wenn es darum geht, über sich hinauszuwachsen. Stellen Sie als Quer- und Andersdenkende die Welt auf den Kopf und schaffen Sie neue Horizonte.

Anmerkungen:

[1] Reto Pieth, *Cherchez la patronne!*, Cash 19.3.99
[2] Gray, John, *Männer sind anders. Frauen auch*, Goldmann, München, 1992.
     Gray, John, *Mars, Venus & Partnerschaft*, Goldmann, München, 1996.

11.
Ja oder Nein – Ultimative Entscheidungskompetenzen trainieren

Im Privatleben wie im Geschäft gibt es täglich Hunderte von Entscheidungen zu treffen. Eine Entscheidung lautet ja oder nein, klar und unmißverständlich. Sie werden an keiner klaren Entscheidung vorbeikommen, wenn Sie konstanten Erfolg erzielen wollen. Klare Entscheidungen geben klare Ergebnisse. Selbst wenn Sie hinterher feststellen, daß Sie eine falsche Entscheidung getroffen haben, können Sie, da ein klares Ergebnis vorliegt, zur Korrektur ansetzen.

Entscheidungsstarke Persönlichkeiten genießen Seltenheitswert. Viel öfter begegnet man auch in obersten Unternehmensetagen einer zaudernden, ewig abwägenden, lavierenden Sprache. Vielen Führungskräften gelingt es, ihre Unsicherheiten geschickt zu überdecken. Dieses Talent ist weit verbreitet, dieses Verhalten ist durchaus salonfähig. Es führt bloß mit Sicherheit am Erfolg vorbei.

Zwei Beispiele aus meiner Beratungspraxis zur Veranschaulichung:

Fall 1:
«*Eigentlich* brauchen wir eine neue Unternehmenskultur, in der sich Mitarbeiter wohl fühlen. *Könnten* Sie uns *vielleicht* darin unterstützen, *in den nächsten paar Jahren* eine solche Kultur einzuführen?»

Ein Auftrag in dieser Form ist ein Alibimandat und endet immer als Alibiübung. Der Auftraggeber will nicht. Auch nicht eigentlich. Er hat keine konkrete Terminplanung vorgenommen und hält sich hinter vagen Begriffen wie «sich wohl fühlen» und «vielleicht» bedeckt.

Fall 2:
«*Eigentlich würde* ich mich gerne abgrenzen gegen zuviel Arbeit. Ich habe dies schon oft *versucht. Wollte* ich aber konsequent sein, *ließe* ich meinen Chef im Stich, *weil er selbst schon genügend zu tun hat.*»

Sie will nicht, es bleibt beim Versuch. Sie spricht im Konjunktiv II und hält die Ausrede für Ihr Nicht-Wollen im letzten Nebensatz bereit. Nein, sie will nichts ändern. Sie kokettiert lediglich mit ihrer Situation und denkt keinen Moment ernsthaft daran, konkrete Änderungen vorzunehmen.

Sie sind jetzt in der Lage, in beiden Fällen die versteckte Botschaft zu lesen. Seien Sie jederzeit bereit, die wirkliche Entscheidung hinter einer Aussage zu lesen.

Fordern Sie sowohl von Ihrem Partner als auch von Ihren Mitarbeitenden klare Entscheidungen, und drücken Sie damit Ihr Vertrauen in die Selbstverantwortung Ihres Gegenübers aus.

Mehr denn je brauchen wir Menschen, die einen klaren Standpunkt fordern. Stellen Sie solange Fragen, bis sie zur wirklichen Aussage gelangen.

Treffen auch Sie selbst klare Entscheidungen, teilen Sie diese in klarer Sprache mit und respektieren Sie jederzeit klare Entscheidungen Ihrer Mitmenschen.

Power-Tips:

Heute ist mein Tag der VERBINDLICHKEIT, indem ich mich zu folgenden Schritten verpflichte:

- *Ich setze mich für Ergebnisse ein. Worte interessieren mich nur, wo Taten folgen.*

- *Heute gestatte ich kein einziges Jein. Ich verlange ein Ja oder ein Nein. Beides akzeptiere ich.*

- *Jedes Ja ist eine Vereinbarung (Commitment). Ich bestätige jede Vereinbarung, indem ich zusammenfasse, was ich gehört habe. Ich lasse mir jetzt von meinem Partner nochmals eine Bestätigung geben.*

- *Ich entscheide kleinere Dinge sofort. Ich weiß, daß mein größter Fehler darin liegt, nicht oder zu spät zu entscheiden.*

- *Ich sage heute jederzeit nein, wenn ich es so sehe. Ich lasse anschließend jede Rechtfertigung und Erklärung sein. Ich genieße die Wirkung meines Neins.*

- *Ich spreche die Sprache der Gewinnerin und formuliere größere Entscheide schriftlich in Form eines Zielprojektes.*

12.
Selbstbewußtsein und Geld: Power-Team ohne Trauschein

Was wir heute sind und besitzen, verrät, wie wir gestern über uns dachten: Als Gewinnerin wissen Sie, daß Geld Energie ist. Alles, was Sie an geistigen und materiellen Werten investieren, fließt zu Ihnen zurück. Geld ist Energie, wenn es als reine Quelle der Belohnung im Sinne eines ökonomischen Kreislaufes angesehen wird.

Nur in Ausnahmefällen geht Macht nicht mit Geld einher. Wenn Sie in Ihrem Leben und auf diesem Planeten etwas bewegen und entstehen lassen wollen, brauchen Sie beides.

Viele Frauen halten Geld und Macht immer noch für negativ besetzte Begriffe. Es überrascht nicht, daß sie in aller Regel weder über das eine noch über das andere verfügen. Sie haben die Bestellung nicht aufgegeben.

Als Gewinnerin werden Sie sich jetzt also die Frage stellen, welchen Fokus Sie auf die Energien Geld und Macht gerichtet haben. Ihre Beziehung zu Materiellem, ganz grundsätzlich zum Thema *Haben,* ist von entscheidender Bedeutung. Sie allein und Ihr Beziehungs-Management formen das, was Sie heute besitzen und verdienen, was Sie als «Return on investment» Ihres Seins in Form von Salär, Honorarhöhe, Kapital und Besitz zurückerhalten. Es ist ebenso entscheidend, wie Sie die Energien Geld und Macht materiell sichtbar durch die Welt tragen. Sind Sie ein Magnet dafür oder ein Gegenpol? Tragen Sie eine Gucchi- oder eine Plastikuhr, Bally-Schuhe oder einen abgetragenen Billigschuh, ziehen Sie sich morgens mit Sorgfalt, Respekt und Freude an, oder nehmen Sie die erstbesten Kleider zur Hand? Tragen Sie Ihr Make-up mit Liebe auf oder lassen Sie es manchmal ganz bleiben, weil Sie lieber zehn Minuten früher im Office sind, als sich für solche Nebensächlichkeiten Zeit zu nehmen? Essen Sie das Frühstück bewußt am schön gedeckten Tisch oder schmeißen Sie das Brötchen im Stehen in den Rachen, weil Sie ohnehin zu spät dran sind? Hören Sie bereits morgens inspirierende Musik, voller Vorfreude auf einen powervollen Tag voller zauberhafter Ergebnisse oder fragen Sie sich vor dem Spiegel, wie jemand wie Sie überhaupt Kunden und zufriedene Mitarbeitende haben kann?

Sie haben und besitzen, was Ihrem Sein entspricht. Haben und Sein hängen zusammen; so gesehen ist Martin Bubers «Haben *oder* Sein» für unbescheidene Frauen ein Anti-Lehrbuch. Sie besitzen das, dessen Sie sich würdig fühlen.

Das Kapital dieser Welt ist in männlicher Hand, die minder oder gar nicht bezahlte Arbeit dieser Welt fest in Frauenhand. Wohlan denn, hier wartet ein weiteres Kapitel der Frauengeschichte auf seine Archivierung.

Da Sie in diesem Buch bereits auf dieser Seite gelandet sind, gehören Sie zu jenen, die aufgebrochen sind. Wir, Sie und ich, können uns den Luxus, mit dem Erreichten bereits zufrieden zu sein, dennoch keinen Moment leisten; das berühmte «Männchen im Ohr» muß stets von neuem in die Schranken gewiesen werden. Zwar ist es mehr als von gestern, über 2000jährig, dennoch läßt es sich sofort wieder vernehmen, wenn wir einmal in schlechter Verfassung sind.

Dem Begriffspaar Geld und Macht kann nicht genug Platz eingeräumt werden, stellt es doch für uns Frauen noch immer ein tabuisiertes Thema dar. Immer wieder muß ich feststellen, daß mir meine Seminarteilnehmerinnen und Klientinnen beim Stichwort Geld und Macht ausweichen. Und immer wieder stellen sich meine Nackenhaare, wenn ich dann Sätze höre, die aus dem Lehrbuch der Opfer und Benachteiligten dieser Welt stammen.

In der folgenden Übung finden Sie solche Sätze. Ich bitte Sie, *sofort damit zu arbeiten. Sie werden spüren, wie sehr es Spaß macht, ein weiteres Frauen-Tabu zu brechen und über sich hinauszuwachsen!*

Übung: Erfolg*Reich*Leben

Bitte lesen Sie die nachfolgenden Aussagen sorgfältig durch. Formulieren Sie zu allen Sätzen, die von Ihnen stammen könnten, einen powervollen Gegen-Satz. Lesen Sie sich Ihren Gegen-Satz laut vor und tragen Sie ab sofort Ihre drei wichtigsten Sätze – schriftlich notiert auf einem separaten Zettel – so auf sich (Portemonnaie, Agenda, Jackentasche usw.), daß Sie sie mehrmals täglich zu lesen bekommen. Lesen Sie sich diese Sätze laut vor; je öfter Sie dies tun, desto stärker richtet sich Ihr Fokus auf das, was Sie morgen besitzen werden.

Wichtig:
Formulieren Sie jeden Power-Satz in der Commitment-Sprache und als Projekt-
ziel (vgl. Kapitel 7). Je konkreter, kürzer und einprägsamer, desto wirkungsvoller!
Jede Ihrer Formulierungen ist positiv und inspirierend.

Je intensiver Sie damit täglich arbeiten, desto schneller *verändern* Sie Ihre
Einstellung und *sind* damit an Ihrem Ziel! Seien Sie mit sich streng und diszipliniert. Es geht um Ihr Leben!

Beispiel:
- *«Mein Einkommen interessiert mich weniger als meine Zufriedenheit.»*

Mein Power-Satz:

Ich bin es wert, ab sofort/bis spätestens xy mindestens DM/sFr xy netto/brutto
zu verdienen und gebe alles, um dieses Ziel mit Freude zu erreichen!

- *«Ich brauche das Gefühl, für meinen Einsatz geschätzt zu werden, mehr als eine
  Beförderung.»*

  Mein Power-Satz:
  ....
  ....
  ....

- *«Wissen Sie, ich habe zwar studiert/doktoriert. Sogar mit Summa cum laude.
  Aber das ist ja heutzutage nicht so wichtig. Wichtiger ist doch, daß mich mein
  Arbeitsumfeld freundlich behandelt und aufnimmt, der Doktortitel schafft ja
  nur Distanz.»*

  Mein Power-Satz:
  ....
  ....
  ....

- «Ich habe mit der Gründung meines eigenen Unternehmens meinen Traum der Selbständigkeit erfüllt. Wenn ich damit meinen Lebensunterhalt nicht bestreiten kann, nehme ich noch einen Teilzeit-Job an.»

Mein Power-Satz:

....

....

....

- «Ich arbeite viel und gerne. Wenn ich aber Rechnungen schreibe, überfallen mich stets Zweifel, ob ich soviel Geld wirklich wert bin. Andere sind ja auch gut.»

Mein Power-Satz:

....

....

....

- «Ich schaffe es kaum, eine klare Offerte zu unterbreiten. Lieber leiste ich zuerst gute Arbeit und sehe dann, wieviel ich dafür in Rechnung stellen darf. Die Zufriedenheit des Kunden ist meine Berechnungsbasis.»

Mein Power-Satz:

....

....

....

- «Natürlich interessiert mich Weiterbildung. Aber für mich selbst soviel Geld zu investieren, kostet mich Überwindung. Dafür kann ich etliche Bücher kaufen.»

Mein Power-Satz:

....

....

....

- *«Wenn mich ein Kunde auf meine Honorar-Rechnung anspricht, werden in mir sofort Selbstzweifel aktiviert. Ich fürchte, den Kunden zu verlieren und bin kompromißbereit.»*

Mein Power-Satz:

....

....

....

- *«Ich habe keine klare und schriftlich fixierte Honorar-Struktur. Meine Honorar-Rechnung für dieselbe Dienstleistung variiert von Kunde zu Kunde.»*

Mein Power-Satz:

....

....

....

- *«Im Qualifikationsgespräch mit meinem Vorgesetzten schaffe ich es mit Mühe und Not, über Beförderung und Salärerhöhung zu sprechen. Seine Zufriedenheit mit meiner Leistung ist mir wichtiger, als mein persönlicher Return on investment.»*

Mein Power-Satz:

....

....

....

- *«Meine Ausbildung steht mir oft im Weg. Menschen bringen mir deswegen oft von Beginn weg sehr viel Respekt und Distanz entgegen. Wichtiger ist mir aber das Gefühl der Zusammengehörigkeit und der Freundschaft.»*

Mein Power-Satz:

....

....

....

- « Ich habe natürlich Träume, wie mein Leben hinsichtlich Wohlstand und Besitz aussehen könnte. Diese Träume stecken in meinem Kopf, sind aber nirgends niedergeschrieben. Ich will mit dem, was ich habe, einfach mal zufrieden sein. Andere besitzen doch weniger als ich.»

Mein Power-Satz:

....

....

....

- «Wenn ich zwischen mir und meinen Mitarbeitenden allzuviel Respekt und Distanz spüre, bemühe ich mich meistens sofort um Kollegialität und Freundschaftlichkeit.»

Mein Power-Satz:

....

....

....

- «Geld und Macht sind für mich Männersache. Wir Frauen haben doch noch andere Werte in unserem Leben!»

Mein Power-Satz:

....

....

....

- «Macht ist für mich negativ behaftet. Sie sehen ja, wieviele Männer (und Frauen) mit Macht verantwortungslos umgehen!»

142

Mein Power-Satz:

....

....

....

- «Geld macht nicht glücklich. Ich wüßte ohnehin nicht, wie ich dieses Geld anlegen müßte. Wo viel Geld ist, sind viele Sorgen!»

Mein Power-Satz:

....

....

....

- «Geld verdirbt den Charakter! Ich bin zufrieden mit dem, was ich habe.»

Mein Power-Satz:

....

....

....

- «Nein, ich lese keine Finanzzeitungen. Ich überfliege die Schlagzeilen und lasse mir bestätigen, daß diese Angelegenheiten männlich, sehr komplex und für mich nicht zugänglich sind.»

Mein Power-Satz:

....

....

....

- «Für meine Arbeit bin ich viel zu schlecht bezahlt. Man schätzt mich aber, und das ist ja auch etwas.»

Mein Power-Satz:

....

....

....

- «Für meine Arbeit werde ich nicht bezahlt. Ich arbeite ehrenamtlich und schaffe Mehrwert in dieser schlechten Welt. Es braucht Frauen, die kostenlos arbeiten. Ohne sie wäre die Welt noch übler.»

Mein Power-Satz:

....

....

....

- «Natürlich ist mir aufgefallen, daß die bestbezahlten Jobs und ranghöchsten Arbeiten von Männern besetzt sind. Ich respektiere das und nehme zur Kenntnis, daß wir Frauen einfach weltweit benachteiligt sind. Was soll denn ich daran ändern?»

Mein Power-Satz:

....

....

....

- «Als Familienfrau und Mutter bin ich mehr als zufrieden, noch einen Teilzeit-Job erhalten zu haben. Ich werde zwar viel zu schlecht bezahlt und arbeite mehr als die vereinbarten 50 Prozent, aber andere Frauen haben das gleiche Problem und fühlen sich auch nicht ausgenutzt.»

Mein Power-Satz:

....

....

....

- *«Wenn ich von meinen Karrierevisionen spreche, erschrecke ich manchmal selbst ob soviel Unbescheidenheit. Manchmal frage ich mich, ob ich überhaupt eine richtige Frau bin!»*

Mein Power-Satz:

....

....

....

- *«Es fällt mir schwer, über meine beruflichen Erfolge zu sprechen. Lieber bleibe ich unverbindlich und suche bewußt Akzeptanz und Freundschaft. Ich weiß, daß ich dann jeweils nicht ganz ehrlich bin, aber es macht mir Angst, plötzlich ganz allein dazustehen. Die Vorstellung, permanent auf der Überholspur zu sein und Menschen zurückzulassen, verunsichert mich.»*

Mein Power-Satz:

....

....

....

- *«Mein Selbstwertgefühl macht mir immer wieder einen Strich durch die Rechnung und meine Selbstzweifel fressen meine Pläne buchstäblich auf.»*

Mein Power-Satz:

....

....

....

- *«Ich bin abhängig von der Wertschätzung anderer.»*

Mein Power-Satz:

....

....

....

- «Macht und Geld machen einsam. Ich will mir meine Freunde nicht kaufen müssen!»

  Mein Power-Satz:

  ....

  ....

  ....

- «Wenn ich mehr verdiene und eine höhere Position als mein Lebensgefährte innehabe, fühle ich mich unweiblich und überemanzipiert. Ich habe Angst, als unweiblich zu gelten und letztlich in Einsamkeit zu enden.»

  Mein Power-Satz:

  ....

  ....

  ....

- «Ich hasse Statussymbole, sie sind doch nur Bluff. Zwar ergreifen mich manchmal Neidgefühle, ich setze aber auf die inneren Werte eines Menschen.»

  Mein Power-Satz:

  ....

  ....

  ....

- «Zwar würde ich gerne zu den reichen und einflußreichen Menschen dieses Planeten gehören. Ich traue mir aber nicht zu, etwas dafür zu tun.»

  Mein Power-Satz:

  ....

  ....

  ....

«Women really do have to be at least twice as good as men to succeed»

Diese Überschrift eines Artikels aus der renommierten Fachzeitschrift *The Economist*[1] stimmt nachdenklich. Zwar wird die Ansicht, daß Frauen mindestens doppelt so gut wie Männer sein müssen, um die selben Karrierechancen zu haben, immer noch belächelt. Die angesprochene Studie und mit ihr zahlreiche andere enthüllen aber den bitterernsten Zynismus, der hinter diesem Lächeln steckt.

Eine Untersuchung an der schwedischen Gothenburg University etwa beziffert dieses «mindestens doppelt so gut» mit dem Faktor 2,5! Zwei Wissenschaftler analysierten anhand von 114 Bewerbungen und insgesamt neun Analysefaktoren die Auswahlkriterien für die 20 offenen Assistenzstellen (postdoctoral fellowships) innerhalb ihrer Universität. Sie fanden heraus, daß weibliche Bewerber durchschnittlich 2,5mal soviele Publikationen wie ihre männlichen Mitbewerber aufweisen mußten, um angenommen zu werden. Die Wissenschaftler halten zudem fest, daß die Hauptkriterien für die Wahl darin bestanden, männlich zu sein und jemanden aus dem Reviewing commitee (Kommission für die Auswahl von wissenschaftlichen Publikationen) zu kennen. Natürlich kann diese Studie nicht den Anspruch erheben, umfassend repräsentativ zu sein. Sie lieferte aber in einem Land, das im Bereich der Gleichstellung von Frau und Mann als fortschrittlich gilt, haarsträubende Ergebnisse.

Applizieren wir in einem Gedankenspiel diese Ergebnisse auf die Selektion von Frauen in Führungspositionen: Ein Unternehmen, das seine besten Frauen an die Spitze setzte, würde um den Faktor 2,5 professioneller geführt. Und applizieren wir dieses Ergebnis auf das Selbstverständnis einer betreffenden Frau: An sich müßte ihr Selbstvertrauen aufgrund dieser Mißstände rund 2,5mal tiefer sein als das eines Mannes in vergleichbarer Postion. Sie ist jetzt aber auch wissenschaftlich dazu legitimiert, Ihr Selbstbewußtsein unbescheiden um den selben Faktor zu erhöhen und auf sich und Ihre Meriten stolz zu sein. Ihr Selbstvertrauen zu stärken bedarf täglichen Trainings und bedingt, daß Sie stets sehen, respektieren und anerkennen, was Sie leisten. Auch hier muß die Hürde der flaschen Bescheidenheit genommen werden: Sehr oft höre ich von Führungsfrauen den Satz «Ich hätte es noch besser machen können!». Vergessen Sie das: Sie sind auch statistisch besser als Ihre männlichen Konkurrenten und dürfen, ja müssen, dies für sich beanspruchen!

Hier nämlich liegt der Schlüssel zur Erfüllung Ihrer persönlichen Träume und Ziele. Und hierin liegt auch der Durchbruch zur finanziellen Gleichstellung von Frau und Mann.

Eine Untersuchung von Charlene Callahan-Levy und Lawrence Messe[2] liefert zahlreiche Beweise dafür, daß Frauen durchschnittlich «einen schwächer ausgebildeten Sinn für ihren eigenen Wert haben», und stellt fest, daß Frauen «sich meist nicht so verhalten, daß sie finanziell maximal profitieren können.» Die Ergebnisse überraschen nicht, müssen uns aber ein Imperativ sein, diese Form von Selbstsabotage umgehend zu unterbinden.

Die drei Erfolgsfaktoren zu Ihrem finanziellen Erfolg

Es liegt in Ihrer Hand, erfolgreich, einflußreich und reich zu sein.

Sie haben auf dem Weg zu Ihrem finanziellen Wohlstand drei Erfolgsfaktoren zu berücksichtigen:

> **Strategische Erfolgspositionen für eine Finanzpolitik der Gewinnerin**
>
> **LEISTUNG + SELBSTWERT + SPAR-/ANLAGEPOLITIK = finanzieller Erfolg**

ERFOLGSPOSITIONEN	THESEN Fraueneigenschaften Raum: deutschsprachiges Europa

A) Marktwert meiner
   LEISTUNG
	• Überdurchschnittliches Engagement
	  und hohe Loyalität
	• Überdurchschnittliche Aus- und
	  Weiterbildung
	• Hohe Sozial- und Kommunikations-
	  kompetenz
	• Überdurchschnittliche emotionale
	  Intelligenz
	• Schaffung intelligenter und neuer
	  Produkte und Dienstleistungen
	• Unternehmerischer Weitblick
	• Commitment zur Sache,
	  Beharrlichkeit und Kontinuität

B) Höhe meines
   SELBSTWERTES
	• Durchschnittlich 2,5mal tieferes
	  Selbstbewußtsein im Vergleich zu
	  Männern
	• Glaube an Qualität der eigenen
	  Leistung schwankender
	• Glaube an eigenen Erfolg instabiler
	• Wille zum Top-Erfolg relativer, da im
	  Clinch mit traditionellem Frauenbild
	• «Muß» zum Top-Erfolg kleiner, da
	  Selbstwert nicht nur über Karriere
	  definiert wird

	• Selbstwertgefühl stärker von exogenen Umständen abhängig (Reaktionen Partner, Familie, Chef, Mitarbeitende, KundInnen, Freunde usw.) 　• dadurch zerbrechlicher 　• dadurch beeinflußbarer 　• emotional erpreßbarer
C) Güte meiner SPAR- und ANLAGEPOLITIK	• Liebe zu Geld, Macht, Einfluß ideell gebremst • weniger risikofreudig • Interesse an Anlagepolitik kleiner • Portfolio-Management-Know-how tiefer • Zugang zu Finanzinformationen weniger gepflegt • Weiterbildung in Finanzpolitik kleiner • Kontakte mit Finanzspezialisten und Finanzinstituten verkrampfter • Ideelle Werte ersetzen sofort Mißerfolgs-Erlebnisse
	= Sofortiger HANDLUNGSBEDARF!

Über den *Marktwert Ihrer Leistung* entscheidet in erster Linie die Qualität der geleisteten Arbeit. Sie sind aufgefordert, im Glauben an sich selbst stets noch besser zu werden, 110 Prozent Ihrer Fähigkeiten und Talente, Ihrer Energie und Persönlichkeit und ganz besonders Ihres Selbstvertrauens in jede einzelne Tätigkeit einfließen zu lassen. Täglich dazuzulernen, sich weiterzubilden, Netzwerke zu andern Erfolgsträgern auszubauen, Mitbewerbern und den Besten das Wasser zu reichen und sie zu übertreffen – all das gehört in Ihr Erfolgsgepäck. Ruhen Sie sich keinen Moment auf Ihren Lorbeeren aus, loben Sie sich dafür und gehen Sie sofort weiter!

Frauen leisten durchschnittlich 2,5mal soviel wie Männer. Einzig der Glaube an sich fehlt vielen.

Power-Tips

Heute ist mein BENCHMARKING-TAG, indem ich mich zu folgenden Schritten verpflichte:

- *Ich gebe alles, bei allem, was ich tue, und setze eine überdurchschnittliche Messlatte (Benchmark)! Wenn ich an meiner Schmerzgrenze angelangt bin, gehe ich darüber hinaus. Ich erlebe, zu wieviel mehr ich gerade dann fähig bin, wo ich bislang glaubte, am Limit angelangt zu sein.*

- *Ich packe Dinge an, die mich echt fordern. Ich lasse Routinearbeiten für einmal für 24 Stunden liegen und fordere mich konzeptionell, intellektuell und rhetorisch.*

- *Ich melde mich für eine Weiterbildung an, die mich vorwärtsbringt. Möglicherweise ist genau das Seminar am effektivsten, vor dem ich am meisten Angst habe.*

- *Ich arbeite heute noch effizienter: Ich nehme mir vor, mein Arbeitspensum innerhalb der offiziellen Arbeitszeit zu verrichten und betreibe ein konsequentes Zeitmanagement.*

- *Ich lasse mich von nichts und niemandem von der konzentrierten Arbeit ablenken. Ich setze Grenzen und sage nein, wenn ich gestört und aufgehalten werde.*

Bedenken Sie, hinsichtlich der *Höhe Ihres Selbstwertes*, daß Selbstvertrauen und Einkommen in direktem Zusammenhang stehen. Zu einem guten Teil hängt die Höhe Ihres materiellen Selbstwerts von Ihrer Haltung zum Thema Geld ab. Stellen Sie sich die Frage, welche Glaubenssätze Sie die letzten Jahre begleitet haben. Was denken Sie wirklich über viel Geld?

Sie müssen Ihre Glaubenssätze ganz genau unter die Lupe nehmen und sich mit höchster Wachsamkeit auf Erfolg und Reichtum programmieren. Jeder negative Gedanke kostet Sie Zeit und Geld. Gehen Sie doch einfach davon aus, daß Sie bisher mit jeder negativen Aussage über sich selbst und mit jedem Selbstzweifel tausend Franken aus dem Fenster geworfen haben! Sie werden sogleich bemerken, wie verschwenderisch Sie bislang mit der Energie Geld umgegangen sind! Beantworten Sie bitte folgende Fragen schriftlich und formulieren Sie anschließend Ihren neuen Einstellungssatz zu Reichtum und Geld.

Meine Einstellungssätze zu Geld

*   Geld ist für mich ....
    Neuer Einstellungssatz: ....

*   Selber sehr viel Geld zu verdienen ist für mich ....
    Neuer Einstellungssatz: ....

*   Selber sehr viel Geld zu besitzen ist für mich ....
    Neuer Einstellungssatz: ....

*   Selber sehr viel Geld anzulegen ist für mich ....
    Neuer Einstellungssatz: ....

*   Mich gezielt über Geldanlagen zu informieren ist für mich ....
    Neuer Einstellungssatz: ....

*   Mehr Geld zu verdienen als mein Partner ist für mich ....
    Neuer Einstellungssatz: ....

- Mehr Geld zu besitzen als mein Partner ist für mich ....
  Neuer Einstellungssatz: ....

- Reiche Männer sind für mich ....
  Neuer Einstellungssatz: ....

- Reiche Frauen sind für mich ....
  Neuer Einstellungssatz: ....

- Selber eine sehr reiche Frau zu sein, ist für mich ....
  Neuer Einstellungssatz: ....

Hier fassen Sie bitte in eigenen Worten zusammen, welche wichtigsten Erkenntnisse Sie aus dieser absolut zentralen Übung gewonnen haben.

....

....

....

....

....

....

....

Power-Tips:

Heute ist mein BEST-OF-THE-BEST-TAG, indem ich mich zu folgenden Schritten verpflichte:

- *Ich bitte meinen besten Freund (meine beste Freundin), mir zu sagen, was er/sie an mir besonders mag. Ich genieße es, beschenkt zu werden mit meinen Stärken.*

- *Ich schreibe im Verlaufe des Tages auf, was ich an mir am meisten mag. Meine Liste umfaßt mindestens 10 Punkte.*

- *Ich schreibe auf, wieviel Geld und Ansehen aus der von mir erbrachten Arbeitsleistung zu mir zurückfließen darf.*

- *Ich kleide mich mit höchster Wachsamkeit und Liebe. Jedes Kleidungsstück drückt meinen Selbstrespekt und meine Selbstdarstellung aus.*

- *Ich schminke und frisiere mich ebenso respektvoll. Mein Gesicht darf in seiner schönsten Weise leuchten, und ich zolle meiner Persönlichkeit durch mein Äußeres Anerkennung und Liebe.*

- *Ab heute lege ich eine Kasse an. Für jeden negativen Gedanken und jede negative Äußerung über mich selbst lege ich während zwölf Wochen zehn Franken zur Seite. Mit diesem Geld schenke ich mir etwas Besonderes.*

- *Ich lese vor dem Schlafengehen sämtliche Eintragungen meines Erfolgsjournals und verdopple ab sofort meine täglichen Erfolgsmeldungen auf (mindestens) sechs!*

- *Ich bin heute bereit für Komplimente und Lob. Ohne dafür zu werben, nehme ich sie dankbar entgegen und gestatte mir das «Feel-Good»!*

- *Ich spare ebenfalls nicht mit Lob und Anerkennung. Ich verteile großzügig und ehrlich.*

Widmen wir uns Ihrer *Spar- und Anlagepolitik*: Damit Geld und Ansehen zu Ihnen fließen, müssen Sie sich dafür qualifizieren! Geld als Energie ist niemals Zufall. Damit Sie mindestens soviel Geld erhalten, wie Ihre Leistung wert ist, müssen Sie leisten. Nun folgt die große Kunst, die darin liegt, das gewonnene Geld nicht nur zu behalten, sondern zu vermehren. Reich werden Sie nicht dadurch, daß Sie viel Geld verdienen. Sondern dadurch, wieviel Sie von diesem Geld zur Seite legen und gewinnbringend anlegen. Und hier stehen wir inmitten eines

Themas, das clevere Frauen in den letzten paar Jahren für sich gepachtet haben: In Form von intensiven Geldanlage-Seminaren und Finanzinformationen, mit denen der Zugang zur Energie Geld erfolgreich erschlossen werden kann. Ich habe keineswegs die Absicht, in dieses Kapitel einen Portfolio-Management-Crash-Kurs einzugliedern. Ich beschränke mich darauf, nachfolgend einige zentrale Punkte des Geldanlegens festzuhalten und Sie zugleich aufzufordern, sich permanent in Kenntnis der jeweils wichtigsten neuen Anlagemöglichkeiten zu setzen.

Hier auf einen Blick die wichtigsten Optimierungsmaßnahmen, um Geld zu verdienen, Geld zu behalten und Geld zu vermehren:

- *Trennen Sie Ihre Firmenkosten von Ihren Privatkosten! Führen Sie zwei strikt getrennte Konten, wenn Sie selbständig sind.*

- *Lassen Sie sich in diesem Falle ein festes Salär auf Ihr Privatkonto überweisen und seien Sie damit konsequent! Ihr Salär darf 40 Prozent Ihres Gewinns nicht übersteigen.*

- *Legen Sie monatlich mindestens 10 Prozent Ihres verdienten Geldes gewinnbringend an.*

- *Nehmen Sie eine gute Risiko-Diversifikation vor! Legen Sie niemals alle Eier in den gleichen Korb, sondern streuen Sie Risiko und Gewinnaussichten in verschiedene Anlagen. Lassen Sie sich von einem professionellen Anlageberater einer renommierten Bank persönlich beraten und treffen Sie sich mit ihm mindestens einmal monatlich.*

- *Lesen und hören Sie täglich Finanzinformationen, besuchen Sie Finanzseminarien (diese gibt es speziell für Frauen!) und schaffen Sie eine erstklassige Beziehung zum Thema Geld und Anlage. Abonnieren Sie eine erstklassige Finanzzeitung, und machen Sie sich vertraut mit Aktien, Obligationen, Fonds.*

- *Nehmen Sie sich täglich Zeit, Ihre finanziellen Ziele schriftlich auf den neuesten Stand und mental in Ihr Denken zu bringen. Es gibt einfach keinen Tag, an dem Sie dazu keine Zeit hätten! John Rockefeller sagte schon: «Wer den ganzen Tag arbeitet, der besitzt keine Zeit, Geld zu verdienen!»*

- *Entwickeln Sie Freude und Cleverness im Umgang mit Ihrem Geld! Je mehr Sie von Geldanlagen verstehen und je erfolgreicher Sie damit sind, desto mehr Freude entwickeln Sie! Beginnen Sie jetzt damit!*

- *Fragen Sie sich vor jeder Ausgabe, ob sie nötig und sinnvoll ist. Verzichten Sie im Zweifelsfall!*

- *Sparen Sie im Kleinen und geben Sie Geld nur für Qualität aus! Seien Sie sparsam und überlegen Sie sich vor jeder Ausgabe, wieviel Gewinn Sie mit einer 20jährigen Anlage bei durchschnittlich 14 Prozent Ertrag erwirtschaften würden! Sie werden staunen.*

- *Tragen Sie stets mindestens 500 Franken auf sich, ohne sie auszugeben. Das gibt Ihnen das Gefühl, wohlhabend und jederzeit für einen Gelegenheitskauf gewappnet zu sein!*

- *Pflegen Sie den Kontakt zu wohlhabenden Menschen. Lernen Sie von ihnen, wie sie es geschafft haben. Thematisieren Sie Geld und Anlage immer wieder; Sie werden staunen, welch interessante Gespräche entstehen. Vergessen Sie nicht: Geld ist des Menschen liebstes Tabu-Thema!*

- *Verschulden Sie sich niemals mit Konsumkrediten! Sie werden schwerlich aus dem Teufelskreis dieser Schuld herauskommen, wenn Sie erst einmal drin stecken. Wenn Sie den Hang zur Schuldenmacherei haben, so lassen Sie sich professionell coachen von jemanden, dem Sie vertrauen.*

156

Vergessen Sie niemals: Finanzielle Unabhängigkeit ensteht auf dem Boden von Disziplin und Planung. Geiz und Besessenheit bedeuten das Ende von Lebensqualität. Die Gratwanderung zwischen diesen beiden Welten ist eine Kunst, die täglich geübt werden muß!

Wenn Sie selbst bemerken, wie sehr in Ihnen Widerstände gegen Geld, Reichtum, Macht und Einfluß bestehen, dann lesen Sie dieses Kapitel am besten während dreier Wochen täglich durch! Vergessen Sie nicht, daß Sie über Kapital verfügen müssen, um Wertveränderungen und Ihre ethischen Richtlinien durchsetzen zu können. Der Mangel an Geld und Einfluß setzt Ihrer Gestaltungskraft Grenzen.

« *Geld ist nicht alles. Aber ohne Geld ist vieles nichts!*»

Anmerkungen

1 Shameful. *Woman really do really have to be at least twice as good as men to succeed*, in: The Economist, Washington, 24. Mai 1997.
2 Callahan-Levy, Charlene M./Messe, Lawrence A., *Sex Differences in the Allocation of Pay*, in: Journal of Personality and Social Psychology 37 (1979), 433–446.

13.
Netzwerke:
Artistik des gepflegten Umgangs

Nichts bestimmt unser Denken, Sein und Handeln mehr als die Menschen, mit denen wir täglich zu tun haben. Jeder einzelne Mensch in Ihrer Umgebung prägt Sie! Das mag Sie nun erschrecken oder beflügeln, klar ist in jedem Falle: Sie können Ihre Visionen und Ziele nur erreichen, wenn Sie sich mit Menschen umgeben, die Sie stärken, motivieren und jede Sekunde über sich hinauswachsen lassen. Sie können keine strahlende Gewinnerin werden, wenn Sie stets von neuem Stolpersteine aus Ihrem Weg räumen und negative Energie abschütteln müssen. Verwenden Sie Ihre Energie dazu, besser, schneller und innovativer als der Rest der Welt zu sein. Umgeben Sie sich also nur mit Menschen, die Sie echt motivieren und inspirieren und die auch dann an Sie glauben, wenn Sie noch so tief in der Klemme sitzen!

Umgeben Sie sich mit Menschen, die auch auf dem Weg sind und gewinnen wollen. Meiden Sie den Umgang mit den selbsternannten Opfern dieser Welt. Fühlen Sie sich nicht schlecht dabei, sondern respektieren Sie die Selbstverantwortung auch dieser Menschen. Dieses Verhalten ist nicht asozial und zeugt auch nicht von mangelnder Menschenliebe. Die konsequente Auslese von Menschen, die Ihnen guttun, die wie Sie aus der Bequemlichkeitszone der Bescheidenheit aufgebrochen sind, um mit Ihnen laufend zu lernen, zu wachsen und zu gewinnen, ist Ihr gutes Recht.

Nichts prägt Sie mehr als Ihr Umgang

Ihr Lebenspartner und Ihre Freunde müssen Gewinner sein, Quelle der Inspiration und Motivation und ähnlich ver-rückte Lebensunternehmer wie Sie. Ihr Band ist die Mission, gemeinsam wachsend Berge zu versetzen. Bedenken Sie, wenn Sie beim Lesen der letzten beiden Sätze unangenehme Gefühle verspürt haben, daß wir manchmal unsere Partner und Freunde unterschätzen. Manchmal geben wir ihnen keine Möglichkeit, ihren Willen und Ihre Bereitschaft unter Beweis zu stellen. Betrachten Sie Ihren Lebenspartner immer wieder mit einer anderen Brille und schenken Sie ihm einmal einen Tag lang uneingeschränktes Vertrauen und Wohlwollen. Sprechen Sie mit ihm über Ihre wildesten Pläne und beobachten Sie seine Reaktionen. Hört er Ihnen zu, fragt er nach, fühlen Sie sich ernst genommen, müssen Sie sich rechtfertigen (oder glauben Sie, es tun zu müssen…), fühlen Sie sich getragen von seinem Goodwill, welchen Beitrag leistet er aus freien Stücken? Vielleicht drücken Sie Ihrem Partner und Ihren Freunden dieses Kapitel in die Hand und beobachten einfach einmal mit höchster Aufmerksamkeit, wie sie reagieren, bevor Sie den Ausschluß aus Ihrem Herzen in Erwägung ziehen.

> *Sie sind immer ein Vorbild.*
> *Entweder ein motivierendes oder ein abschreckendes.*

Prägung findet immer und überall statt. Jeder Satz, den Sie hören, jede Bemerkung, die Sie aufnehmen, jede nonverbale Reaktion und jedes Schweigen prägt sich in Ihre mentale Software ein. Je öfter wir ähnlich geartete Erfahrungen machen, desto größer wird ihr Stellenwert. Auf diesem Weg entstehen feste Meinungen, Grundhaltungen oder gar Ideologien. Bestimmen Sie also ganz gezielt, wem Sie sich aussetzen und was Sie auf sich wirken lassen. Beispielsweise kann es an bestimmten Abenden ratsam sein, auf die Nachrichten zu verzichten und sich stattdessen einen romantischen Liebesfilm zu Gemüte zu führen. Wichtig sind in diesem Zusammenhang auch die letzten Minuten Ihres Tages. Schlafen Sie mit Ihren Wunschbildern ein, hören Sie Ihre Lieblingsmusik, lesen oder schreiben Sie etwas Angenehmes, umgeben Sie sich mit entsprechenden Düften. Sie werden am Morgen erholt und lebensfroh erwachen.

In meinen Seminaren führt nicht selten das Verhalten einer einzigen Person zu einer Lähmung aller anderen Teilnehmenden. Deutlich sichtbar wird dies an deren Körpersprache, Mimik und Engagement. Es genügt, diesen Teilneh-

160

menden aus dem Seminarraum zu bitten, um zu sehen, wie sich innert Sekunden das gesamte Umfeld wieder positiv auflädt.

In diesem Sinne sind auch Sie zu jeder Zeit für andere prägend. Sie sind, mit anderen Worten, immer ein Vorbild; Sie haben bloß die Wahl, ein motivierendes oder ein abschreckendes zu sein.

Seien Sie sich bewußt, daß Sie inspirierende Vorbilder brauchen, um stets von neuem zu sehen, zu hören und zu fühlen, wozu powervolle Gewinnerinnen fähig sind. Solche Vorbilder sind echte Trouvaillen. Sie für sich zu gewinnen und zu entdecken, ist eine Kunst von unschätzbarem Wert. Üben Sie sich täglich darin!

Vertraue keiner Autorität, außer Deiner eigenen!

Ich habe in meinen Lehr- und Wanderjahren immer wieder feststellen müssen, wie selten inspirierende Vorbilder sind. Kaum hatte ich eines gefunden, entlarvte es sich als unzulänglich.

Ein Beispiel: Ich suchte bei den Weisen, Gelehrten und Unterwiesenen der Geisteswissenschaft – und fand – einen Mann – einen wirklichen Universalgelehrten: Johann Wolfgang von Goethes mystische Weisheitssuche, sein Doktor Faustus und seine feingewobenen Gedichte des westöstlichen Divans (Selige Sehnsucht) hatten mein Herz gefesselt. Ich war gerade 25, Weisheitssuchende und ergriffen von den lyrischen Worten des erleuchteten Klassikers. Just zum Zeitpunkt meines höchsten Respektes hatte ich mir seinen Dr. Faustus zur Lektüre gemacht. Und fand darin sein Gretchen. Ein kurzer Blick reichte um als Literaturstudentin den Urfaust als Phänomenologie der Urangst eines Mannes vor der starken Frau zu diagnostizieren. Was Freiherrn von Goethe sogleich meinen Respekt kostete. Er nämlich, erschreckt von den wieder erstarkten, wilden Frauen der Klassik, dichotomisierte sein Frauenbild, gebar Gretchen und stellte dieses arme, ungelehrte Kind dem hochgelehrten Doktor Faustus mitsamt seiner Hexenküche zur Seite. Unterwiesen wiederum von seinen Autoritäten, verdeutlichte Goethe seinen Standpunkt gnadenlos ehrlich und schrieb schließlich in sein Tagebuch: «Wenn ein Weib einmal vom rechten Weg ab ist, dann geht es auch blindlings und rücksichtslos auf dem bösen Weg fort.»

Das sind die Worte eines Mannes, der als einer der vornehmsten und klügsten Köpfe der Geisteswissenschaft gilt. Ich picke dieses Beispiel aus einer großen Summe anderer Beispiele heraus, weil es den Wachstum aus den Gerüsten falscher Autoritätsgläubigkeit zeigt. Keine Titel, Ränge und Meriten dieser Welt verraten, was dahinter an Persönlichkeit steckt. Wenn Frauen begreifen, daß diese Gerüste kein Problem darstellen, frisch und froh den eigenen Weg fortsetzen und gar manches Gerüst notfalls demontieren, sind viele Hindernisse beseitigt. Es lohnt sich, eigene Autoritäten aufzubauen und zu suchen. Sie entsprechen Ihren persönlichen Befindlichkeiten und Maßstäben und taugen nur deshalb als Formen von Vorbildern.

Notieren Sie in die rechte Spalte der nachfolgenden Tabelle die Namen der Menschen, die auf Sie eine motivierende, aufbauende, leuchtende Kraft ausüben. Notieren Sie links die Personen, die gegenteilig auf Sie wirken. Gehen Sie auf letztere zu, und streben Sie eine Klärung der Beziehung an. Gelingt dies nicht zu Ihrer Zufriedenheit, trennen Sie sich von ihnen.

Inspirierender und lähmender Umgang

Menschen mit negativer Wirkung	Menschen mit positiver Wirkung

Ein Kreislauf von Nehmen und Geben

Vergessen wir nicht, daß jeder Mensch, den wir zu unserem Vorbild und Lehrer auswählen, uns irgendwann all das geschenkt haben wird, was er uns zu schenken hatte. Wir müssen in diesem Moment weiterziehen, wohlbemerkt aber mit der Aufgabe, nun alles Erhaltene an andere weiterzugeben. In diesem Kreislauf des Nehmens und Gebens liegt auch der Ausweg aus der Auffassung, daß sich die Menschheit nicht weiterentwickle.

Nutzen Sie Netzwerke von Frauen und Männern!

Lassen Sie sich auf Lernprozesse mit Gleichgesinnten ein! Sowohl ausschließliche Frauennetzwerke als auch von Männern dominierte Netzwerke bieten Ihnen die Möglichkeit, Ähnlichdenkende und GewinnerInnen kennenzulernen und mit Ihnen laufend den Horizont zu erweitern. Sehr oft entstehen hier wertvolle Freundschaften und Verbindungen. Vergessen Sie bei aller Stärke und Autonomie nie, daß Sie auf andere Menschen angewiesen sind. Erst der Verbund mit anderen Menschen ermöglicht essentiellste Lernprozesse.

Geben Sie Ihr Wissen weiter!

Seien Sie Mentorin für Menschen, die auf ihrem Weg des Reifens und Dazulernens sind. Seien Sie Coach für Frauen und Männer, die sich den Anforderungen dieser Zeit voller Optimismus und Wagemut stellen. Und seien Sie sehr wählerisch dabei!

Power-Tips:

Heute ist mein NETWORKING-Tag, indem ich mich zu folgenden Schritten verpflichte:

- *Ich denke nach, welchen Menschen ich gerne begegnen möchte. Ich schreibe mir die Namen dieser Vorbilder auf und notiere, was mir an ihnen gefällt. Sodann überlege ich mir, wie es mir gelingen könnte, mit mindestens einer dieser Persönlichkeiten in Kontakt zu treten.*

- *Ich nehme Kontakt mit wenigstens drei Frauen-Netzwerken auf und lade mich als Gästin ein. Ich werde innert Monatsfrist entscheiden, welchem Netzwerk ich angehören will.*

- *Ich nehme ebenso Kontakt auf mit wenigstens einem traditionell männlichen Netzwerk (Rotary, Lyons, usw.) und lasse mich instruieren über die Mitgliedschaft. Ich setze mir zum Ziel, in mindestens einem dieser Netzwerke dabeizusein, um von Männern ebenso zu lernen.*

- *Ich umgebe mich heute mit Menschen, die ich zu Gewinnern zähle und genieße die positive Kraft, die auf mich wirkt.*

- *Ich lade heute einen Menschen zum Essen ein, der mir besonders Vorbild ist, von dem ich lernen kann und will. Ich spreche mit diesem Menschen über seine Gewinner-Strategie und lerne, wie er denkt und handelt.*

- *Ich notiere mir den Namen eines Menschen, dem ich Coach sein will. Ich werde mit ihm innert 24 Stunden Kontakt aufnehmen und ein Treffen arrangieren. Gemeinsam legen wir fest, wie, wann und womit ich ihn tatkräftig in seinem Wachstumsprozeß unterstützen kann.*

- *Ich lade einen Menschen, der mir berufliches Vorbild ist, zum Lunch ein. Ich lasse mich von ihm in seine Erfolgsgeheimnisse einweisen. Ich entscheide dann, ob ich diesen Menschen bitten will, mein persönlicher Coach zu sein.*

Das Handhaben von Ablehnung

«Erfolg mußt Du Dir erkämpfen. Mitleid wird Dir nachgeworfen!» Dieses Zitat, das mir meine Großmutter oft lächelnd gesagt hat, wurde mir erst in den letzten

Jahren wirklich klar. Es zeigt, worauf Sie sich verlassen dürfen: Je mehr Erfolg Sie haben, desto mehr Neid wird Ihnen zuteil. Sie werden auf Ablehnung stoßen, sobald Sie konstant besser sind als andere.

Mit jedem Erfolg wird sich Ihr Umfeld mehr und mehr in zwei Lager spalten: auf der einen Seite werden die echten Freunde stehen, auf der anderen die entlarvten Feinde. Erstere gönnen, zweitere mißgönnen Ihnen den Erfolg.

Schön also, wenn Sie auf eine wachsende Zahl von Feinden blicken; sie sprechen von Ihrem Erfolg. Es kann durchaus mit Vorteilen verbunden sein, Feinde zu haben. Dadurch, daß diese ihr Augenmerk mit Vorliebe auf Ihre verwundbaren Punkte richten, erleichtern sie Ihnen die Ortung Ihrer Schwachstellen. Nehmen Sie diesen unfreiwilligen Freundschaftsdienst mit Handkuß an. Ich habe mir übrigens angewöhnt, meine sogenannten Feinde von Zeit zu Zeit zum Essen einzuladen. Ich mag diesen Umgang, weil er mich stärkt und sich auf diese Weise schon echte Freundschaften ergeben haben.

Sie werden Feinde niemals los, wenn Sie sich missionarisch betätigen. Gehen Sie stattdessen neue Wege und experimentieren Sie mit der Volatilität von Sympathie und Antipathie. Es macht Spaß, gelegentlich über seinen Schatten zu springen und sich von Menschen überraschen zu lassen.

Lernen Sie aber auch, mit Zeitgenossen zu leben, die Ihnen zur Genüge bewiesen haben, daß Sie von ihnen nichts als Neid, Mißgunst und bösartige Kritik erwarten können.

Lassen Sie unsachliche Kritik an sich abprallen, lassen Sie sich von boshaftem Geschwätz nicht berühren. Natürlich läßt sich das leicht sagen, Sie dürfen aber getrost davon ausgehen, daß Ihnen mit zunehmendem Erfolg ausreichend Gelegenheiten geboten werden, sich in diesen Fähigkeiten zu üben.

Power-Tips:

Heute ist mein Tag der HEITEREN GELASSENHEIT, indem ich mich zu folgenden Schritten verpflichte:

- **Ich halte meine Emotionen unbedingt unter Kontrolle. Ich achte auf eine konstant positive Einstellung zu mir selbst und bin meine Ziele und Visionen.**

- *Jede destruktive Kritik, Ablehnung oder spitze Bemerkung weht an mir vorbei wie eine kühle Brise. Ich weiß jederzeit, daß sie mit mir nichts zu tun hat, sondern das Problem des andern ist.*

- *Heute mache ich die Probleme der anderen nicht zu meinem Problem.*

- *Konstruktive Kritik nehme ich bewußt entgegen und bedanke mich dafür. Wenn es schmerzt, lächle ich solange, bis der Schmerz vorbei ist.*

- *Ich denke und spreche einen ganzen Tag nicht über negative Erfahrungen. Ich lasse sie ruhen und gebe ihnen damit keinerlei Macht über meine Befindlichkeit.*

- *Ich geniesse es, heute so zu sein, wie ich bin. Ich gehe mit mir besonders behutsam und respektvoll um.*

- *Ich vereinbare einen Lunch mit einem sogenannten Feind und Mißgönner meines Erfolgs. Ich tue das mit der einzigen Absicht, die Denkweise dieses Menschen kennenzulernen und zu spüren, wo ich dabei selbst wachsen kann. Ich unterlasse jeden missionarischen Eifer und lasse gelten, daß mich dieser Mensch nach dem Lunch keineswegs besser mögen muß.*

14.
The Power of Good bye: Vom richtigen Umgang mit falschen Männern

*Geliebt wirst Du einzig, wo schwach Du Dich zeigen darfst,
ohne Stärke zu provozieren.*

Theodor W. Adorno

*Die Plätze sind mehr als im Winter hungrig nach Menschen. Ehepaare. Unter-
gehakt. Ihre Schatten streifen die Stämme. Hand in Hand geht, was zusammen-
strebt, im andern den Teil sucht, den Mann sein möchte, Frau nie sein darf. Zwei
Hälften, die, werden sie auch so und so gedreht, nie zusammenpassen, weil man
Abel sucht, den erschlagenen Zwillingsbruder, den nie ans Licht gezogenen Teil un-
seres Selbst. ... in der Kirche das Wort: Der Mann ist das Haupt des Weibes, das
Weib der Leib des Mannes.*
Da gehen die kopflosen Frauen.
Da gehen die leiblosen Männer.
*Sie müssen einander beim Gehen festhalten, die beklagenswerten Verstümmelten.
Sie schwenkt das Täschchen, er klammert sich an sein Portfolio mit den nichtigen
Wichtigkeiten.* [1]

Eveline Hasler, Die Wachsflügelfrau

Erwachsene Männer

Die Zahl der Männer, die wach geworden sind und umfassend am eigenen
Wachstumsprozeß arbeiten und daran neu erstarken, ist im Wachstum begriffen.
Diese Männer nenne ich «er-wachsen», weil das Wort Wachstum darin enthalten
ist. Es gibt immer mehr dieser neuen, lebens- und beziehungserfahrenen, leiden-
schaftlich-lebenstüchtigen starken Männer. Meist geschieden, durchgeschüttelt

vom Leben und sensibilisiert auf eigene Gefühle, haben sie gelernt, wahrhaftig zu sich selbst zu stehen. Sie arbeiten an ihrem persönlichen Wachstum und verdienen es, in diesem umfassenden Sinne erwachsen genannt zu werden. Sie schreiben ein neues Kapitel in der Geschichte der Männlichkeit, das Kapitel der lustvollen, beziehungsfähigen und zärtlichen Männer, die mit viel Rückgrat Erfolg und Ethik in Einklang bringen. Diese Männer lieben powervolle, starke und ebenso erfolgreiche Frauen. Sie leben das «Wir» als Power-Team und sind stolz auf die Meriten und Erfolge ihrer Partnerin. Erwachsene, hellwache Männer sind ein Geschenk. Es liegt an uns, das wahre Geschenk von der billigen Attrappe zu unterscheiden. Dazu müssen auch wir uns weiterentwickeln und wachsen. Zu oft noch übersehen wir erwachsene Männer, weil sie manchmal leise, zart und dezent leben. Zu oft noch gehen wir lauten, rohen und unerwachsenen Männern auf den Leim. Solche Männer, die leider immer noch die Mehrheit darstellen, wollen wir nicht in unserem Leben, weil wir sie nicht mehr lieben können.

Unerwachsene Männer

Die meisten Frauen haben mit unerwachsenen Männern so ihre Erfahrungen gemacht. Diese Männer hinterlassen leider in vielen Fällen bleibende Spuren und erweisen einem fortschrittlichen Männerbild einen denkbar schlechten Dienst. Die Schweizer Psychoanalytikerin Andrea Gysling beschreibt in ihrem herausragenden Buch «Der grenzenlose Mann» diese Männer sehr anschaulich: « ... sie leiden an zum Teil schwerwiegenden psychischen Reifestörungen und Entwicklungsdefiziten, ohne sich näher dafür zu interessieren. Um sich dennoch irgendwie über Wasser halten zu können, überschreiten sie die Grenzen der anderen, denen sie den ungelösten eigenen psychischen Ballast hemmungslos aufladen. Das ist wie mit den Schadstoffen, die man im eigenen Land nicht haben mag und die man daher auf irgendeine preisgünstige Müllhalde ins Ausland transportiert, das dann selbst zusehen kann, was es mit seinem verseuchten Boden macht, mit seinem verkümmerten Gemüse und dem untrinkbaren Wasser. Ab über die Grenze. So kann man auch im psychischen Bereich verfahren.»[2]

Gysling beschreibt mit diesem Bild auch die Schwierigkeit des Umgangs mit solchen Männern. Unerwachsene Männer sind nicht gewillt und somit nicht in der Lage, ihr eigenes psychisches und seelisches Defizit zu erkennen. Diese Männer sind deutlich in der Überzahl. Sie ernähren sich von seelischen Beute-zügen, von Kontrolle, Machtansprüchen und Manipulation. Ihr Repertoire reicht von physischer Gewalt bis hin zu Seelenzertrümmerungen. Sie machen krank, klein und schaffen um sich herum nur VerliererInnen. Auch starke Frauen müssen oft über einen unerwachsenen Mann stolpern, ehe sie sich ihres eigenen Wertes bewußt werden. Diese Frauen lernen auf die harte und schmerzhafte Weise, sich abzugrenzen, nein zu sagen und ihre Identität und Autonomie aufzubauen. Unerwachsene Männer mißbrauchen starke Frauen, um ihr eigenes kleines Selbstbewußtsein aufzuwerten, und legen Ihnen Steine in die Wege weil sie deren Erfolg nicht verkraften. Und so Gysling: «… die emotionale Wahrheit grenzenloser Männer liegt im Sarg. Sie nehmen sich selbst nicht wahr und nicht den andern.»[3] Wir Frauen müssen lernen, solche Männer umgehend zu identifizieren und ihnen konsequent aus dem Weg zu gehen.

> *Ich habe alles. Männer haben deshalb eine einzige Aufgabe:*
> *Mich glücklich zu machen!*
>
> Jeanne Berlout

Eine erfolgreiche Unternehmerin, die unter ausgeprägten «Burn out»-Syndromen litt, richtete vor unserer ersten Coaching-Sitzung folgende Worte an mich:

«Ich bin jung, dynamisch und erfolgreich. Ich bin verheiratet, gut situiert, bestens ausgebildet, kinderlos und unglaublich unglücklich.

Ich habe alles erreicht, was ich mir vorgenommen habe. Karriere-Sprung ab Universität in die Direktion einer Versicherung innert drei Jahren. Ich habe danach die Geschäftsleitung verschiedener Unternehmen übernommen, wurde Verwaltungsrätin und schließlich selbständige Unternehmerin.

Allen Grund, glücklich zu sein. Obendrein habe ich eine wunderbare Familie, Freunde und eine ganze Reihe von treuen Minnesängern.

Wissen Sie, es ist schwierig, undankbar zu sein. Doch wem bitte schulden wir Dank außer uns selbst? Nichts wird uns geschenkt. Ich selbst hatte weder nette Onkel noch liebe Portierer noch dienliche Liebhaber. Nein, alles selbst erarbeitet.

Was mich so sauer macht, ist die Tatsache, daß ich erlebt habe, was jede Frau meines Schlags erlebt: Vielfache Leistung für einfache Entlöhnung, Herstellen der ‹Infrastruktur› (es gibt Männer, die nennen ‹das› so …), Geborgenheit und Rückhalt geben, Mut zusprechen, Erleuchtung angedeihen lassen, lieben, ehren, achten, loben; selbst aber: Vielfachbelastung, alte Rollenzuteilungen, Vorwürfe ob Ansprüchen und schließlich Liebesentzug bei Nichtgehorchen. Und das Schlimmste: Dieses permanent schlechte Gewissen, nicht perfekt zu sein. Nicht zu genügen. Auch mit einem 16-Stunden-Tag einfach noch nicht alles gegeben zu haben. Das ist eine Belastung, die immer wieder am Selbstwertgefühl nagt und mich klein, dick, häßlich und nichtkonkurrenzfähig fühlen läßt. Ich bin eine der Frauen, die – hochbegabt und nicht gerade übersehbar – proportional dazu tiefgeneigt in Sachen Selbstwertgefühl leben. Es sind die Widersprüche, die mich wahnsinnig machen.

Ich fühle mich als Frau im Patriarchat des ausgehenden 20. Jahrhunderts, intelligent und unberechenbar eigenwillig. Auf Fairness, Gerechtigkeit und Wahrheit aus, ja, geradezu verbissen darauf. Und ernte laufend unterschwelligen Neid, patriarchale Mißgunst, Intrigen und Brüche mit Normalitäten, die gar keine sind. Mitveranstaltet von Stehengebliebenen zwischen Bewunderung und Ignoranz, Medieninteresse und Männerverehrung, ein Wechselbad der Gefühle. Es ist schwierig, in diesem Labyrinth von Wahnsinn, Witz und Groteske überhaupt einen Entschluß zum Lachen oder Weinen zu fassen.

Weitermachen, immer weitermachen. Den Miesmachern zum Trotz, den Bedürftigen zum Genuß und den Aufrichtigen zur Verstärkung. Run, Baby, run. Die Worte einer Freundin. Ich habe meinen Weg vor einigen Monaten unter die Füße genommen. Meinwärts zu den anderen Widerspenstigen, Unberechenbaren und eigenwillig ungehorsamen Frauen und Männern, die irgenwie gespürt haben, daß die neue Zeitrechnung neue Regeln entworfen hat.

Neue Regeln für Frau und Mann. Im Beruf und Privatleben. Neue Regeln des Zusammenarbeitens und -lebens.

Ohne deren Beachtung werden wir die Glasabfuhr für alle künftigen Scherbenhaufen der Geschlechterkämpfe nicht mehr bewältigen. Make career and love. Not war.
A.M.

Notabene: Meinen Mann habe ich zurückgelassen. Er konnte mir nicht folgen.»

Diese Frau steht repräsentativ für viele andere Frauen, die zuerst geahnt, dann analysiert und schließlich mit Schrecken realisiert haben, was sie klein, dumm und defizitär fühlen ließ: Der falsche Umgang mit falschen Männern. Ich betone: der falsche Umgang. Oder mit anderen Worten: Ihr ureigenster Beitrag zu dieser Wahl.

Jeder Mann ist der richtige Mann. Aber nicht für jede Frau und schon gar nicht zu jedem Zeitpunkt!

Wir können es uns nicht mehr leisten, «gewählt zu werden». Vielmehr geht es darum, als selbstverantwortliche Frau selbst zu wählen und vorgängig die Frage zu stellen: Welcher Mann welchen Charakters tut mir gut? Welche Ausbildung, Eigenschaften, Interessen, Tugenden und Stärken wünsche ich mir? Welche Kompromisse gehe ich nicht ein, welche Schwächen, Charakterzüge, Hypotheken seines Lebens akzeptiere ich nicht? Welche Kompromisse gehe ich ein?

Frau wählt Mann!

Der Mann klopft an, die Frau gewährt gegebenenfalls Einlaß. Noch gehören die Zeiten, da Frauen die Partnerwahl als gretchenhaftes Warten interpretierten, nicht ganz der Vergangenheit an. Viele Frauen haben sich aber auch in diesem Bereich von jeglicher Passivität losgesagt. Mit klaren Vorstellungen und unbescheidenen Ansprüchen suchen und wählen sie einen Partner. Natürliche stoßen solche Frauen mit ihrer Selbstsicherheit auch auf Ablehnung, wie etwa die Buchautorin Veronika Zickendraht festgestellt hat: «... Ich brauchte Jahre, um herauszufinden, daß die Kombination intelligent, schön und geschäftstüchtig eher ein Handicap ist. ... Zu viel der Vorzüge verschreckt Männer. Ganz besonders die, die ihre Männlichkeit von einem «Weibchen» bestätigt haben wollen.»[4]

Dieses Zitat braucht Sie nicht zu beunruhigen. Sie allein entscheiden, wem Ihre Gunst zuteil wird. Es gibt genügend erwachsene Männer, die sich eine ebenso erwachsene Partnerin wünschen, von der sie nicht primär Anerkennung, Lob und Bewunderung ihrer Männlichkeit erwarten, sondern gemeinsame Entwicklung der Persönlichkeit, Liebe, Zusammenhalt, Nähe, Leidenschaft und Entdeckungsfreude.

Manns-Bilder

In den vergangenen Jahrzehnten haben Frauen unglaubliche Arbeit an sich selbst geleistet. In jeder Hinsicht erstarkt, lebenstüchtig, beziehungsfähig und unternehmerisch zugleich, stellen wir nun fest, daß wir ganz schön aktiv werden müssen, um Männer zu finden, die uns und unsere Liebe wirklich auch verdienen. Gysling schreibt dazu: «Die Zeit ist gekommen, der Männerwelt den Ball zurückzugeben und die Männer aufzufordern, sich nun endlich auch um Abgrenzung, um Identitätsbildung zu bemühen, die Selbstverantwortung voll zu übernehmen, die eigenen inneren Schätze zu entdecken, von ihren chronischen Übergriffen in Form von Machtmißbrauch zu lassen und damit aufzuhören, auf Kosten anderer zu leben. Wenn diese Arbeit nicht geleistet wird, dann wird die Ehe bald endgültig ausgedient haben, denn emanzipierte Frauen kriegt man nicht mehr klein.»[5] Wir müssen uns ernsthaft fragen, was ein kleiner, defizitärer, unerwachsener Mann in einer Gesellschaft von powervollen, starken, intelligenten Frauen zu suchen hat. Aus einer aufpolierten Limousine, einer nobel geprägten Visitenkarte und ein paar charmanten Sätzen läßt sich heute kein Sex-Appeal mehr ziehen. Wir haben mit solchen Männern zu lange kooperiert. Es ist höchste Zeit, Mannsbilder dieser Gattung in den Orkus zu verbannen. Sie genügen ganz einfach unseren Ansprüchen nicht mehr.

Männerspiele

Wir Frauen spielen konsequent falsch, weil zu ernst. Der Mann betrachtet die Weltenbühne tendenziell als Spiel um Macht, Kapital, Liebesunterwerfung und -beherrschung. Er ist Indendant, Regisseur und manchmal das Biest um die Schöne. Gefällt es ihm nicht mehr, wechselt er die Rollen aus. Aktiv und ohne Wenn und Aber. Er verschwindet aus der Rolle des Ehemannes, wie er aufgetaucht ist, er wandelt sich vom gewaltlosen Widerstandskämpfer zur Kampfmaschine, er durchlebt die Metamorphose vom Familienvater zum unersättlichen Don Juan und wird kurzerhand vom Bankdirektor zum Aussteiger in Goa. Kurzum: kein Alter zu hoch, kein Titel zu viel, keine Ausbildung zu wenig. Männer verstehen mehr Spass, spielen mehr versteckte Kamera und verstehen sich auf Tricks aus den Schützengraben zum taktischen Schachzug. Sie setzen matt und stehen gerade, wenn andere dabei sind, sich sicher zu fühlen.

Es gibt Männer, die lieben es, James Bond und Firmen-Sanierer zu spielen, ab und zu klammheimlich die Koalitionen auszuwechseln. Manche Männer sind kleine Jungs auf den Brettern, die die Welt bedeuten; hier spielen sie alle möglichen Rollen mehr oder weniger gut, Hauptsache, sie geben Wichtigkeit. Viele Männer verstehen es einfach hervorragend, dem Leben immer wieder gut genug für eine eigens inszenierte Überraschung zu sein. Auch wenn sie sich nicht selten dabei allein amüsieren müssen. Egal, ob sie das goutieren oder nicht: Erweitern Sie doch einfach Ihr frauliches Repertoire und gehen Sie auf dem Schachbrett mit der Strategie des männlichen Partners vor. Nehmen Sie nicht alles todernst und lernen Sie die hohe Kunst der Gelassenheit und des Amusements ob Fehlern und Schwächen.

Schlagen Sie ihn damit und lächeln Sie milde, wenn Sie selbst auch gerade mal eben gut genug für eine Überraschung waren! Schließlich gibt es ja auch den wundervollen Satz:

«Männer kann man darin niemals genügend unterschätzen, eine Frau zu unterschätzen!»

Dies ist das wohl netteste Kompliment seit Erfindung Schneewittchens und der sieben Zwerge, finden Sie nicht auch?

Die spielende Frau!

Lernen wir vom Mann etwas Verspieltheit. Traditionellerweise erzogen zu Treue, Beständigkeit, Moral, festen Werten und Sicherheit, ranken wir Frauen uns Zeit unseres Lebens um diese Lebenssäulen. Lassen Sie diese Säulen stehen. Betrachten Sie sie aber als wertvolle Orientierungspfeiler und nicht als Grenzsteine. Reizen Sie die Räume zwischen den Säulen aus. Entdecken Sie abenteuerliche Freiräume und erweitern Sie übermütig und spielerisch Ihre Grenzen – auch in Beziehungen. Sie werden staunen, wieviel Unerwartetes Sie an sich und Ihrem Partner entdecken werden.

Vielleicht gehören Sie zur Kategorie der Top-Frauen, die, womöglich von Erfahrungen mit unerwachsenen Männern etwas gebeutelt, den neuen Weg zum *sanften Mann* gewählt haben. Sie befinden sich nun vielleicht in der Gegenwart eines Mannes, der Sie auf bezaubernde Weise pflegt, umsorgt, Ihnen jeden Wunsch von den Augen abliest, der Sie vielleicht spätabends mit einem wundervollen Nachtessen erwartet, der Sie also spüren läßt, daß Sie das Wichtigste sind in seinem Leben. Er schenkt Ihnen all das, was Sie früher entbehrten. Und vielleicht fühlen Sie sich manchmal durch sein Verhalten überfordert und eingeengt. Ziehen Sie sich nicht zurück, sondern spielen Sie mit sich selber und Ihren Wünschen, er ist der perfekte Partner dazu. Suchen Sie experimentierend neue Formen des Zusammenseins und schaffen Sie unerwartete Spannungsmomente. Ihr Partner wird Ihnen mit seiner Reaktion einen Spiegel Ihres Selbstvertrauens hinhalten.

Vielleicht sind Sie aber auch eine der bewundernswerten Frauen, die auf ihrer Lebensbühne simultan gleich mehrere Hauptrollen spielen. Sie sind Mutter, Ehefrau, Geliebte, Geschäftsfrau, Frau zum Pferde stehlen, Schwiegertochter, Verführerin, Hausfrau und Göttin, kurzum: das Chamäleon auf Shakespeares Bühne. Interessanterweise wählen nicht wenige Frauen diese Chamäleon-Lösung. Sie erzeugt ungeheuren Selbstwert und angenehme Gefühle des Gebraucht-Werdens, der Unersetzlichkeit. Das Talent dieser Frauen birgt die Gefahr, daß sie alles um sich herum in den Schatten stellen; in erster Linie ihren Partner.

Welche Rolle auch immer Sie spielen: Ihr Humor wird Ihnen auch in scheinbar auswegslosen Situationen wundervolle Dienste erweisen. Kultivieren Sie ihn und seien Sie auf der Hut, wenn Sie bemerken, daß Ihnen der Sinn dafür abhanden gekommen ist. Lachen ist ein einzigartiger Energiespender und kann noch so große Hindernisse aus dem Weg räumen.

> *«Lächeln ist die schönste Art der Beauty, dem Biest die Zähne zu zeigen!»*

Stehen Sie in jedem Fall zu sich und nehmen Sie Ihre Gefühle wahr und ernst. Wirklich stark sind Sie, wenn Sie die Größe haben, Schwäche zu zeigen. Lassen Sie es zu, auch einmal die Unvollkommene, Unsichere, Weinende und Überfor-

derte zu sein. Diese Gefühle auszuleben verhindert, daß sich Ihre Seele zubeto-
niert. Es braucht viel Selbstbewußtsein, um der eigenen Lebendigkeit in allen
Gefühlslagen Ausdruck zu verleihen.

Als Gewinnerin sind Sie keine Frau, die mit Zornesfalten in eiserner Rolle
solange herrscht, bis sie in Depression und Sinnlosigkeit eines 18-Stunden-Tages
fällt. Keine «Drama-Queens» und humorlose Karriere-Jägerinnen machen das
Rennen. Lust am Leben und unbrechbare Schaffenskraft sind der Motor einer
erstklassigen Lebens-Unternehmerin, die es liebt, steile Kurven zu nehmen, besonders, wenn sie von Eis und Schneeglätte glänzen.

Spielen Sie sich selbst und lassen Sie ausgewählte Männer mitspielen.
Lassen Sie sich manchmal auch von ihnen helfen, bitten Sie Männer um Support!
Der historisch gewachsene Ritter wird in Windeseile geharnischt vor Ihnen ste-
hen und sich nicht zweimal bitten lassen.

Chaos-Fähigkeit

Die Chaos-Fähigkeit ist eine Eigenschaft, die wir genauso kultivieren müssen wie
minutiöse Planungsfähigkeit. Sie erlaubt es uns, unsere Träume – diese wilden
unfaßbaren – zu greifen! Von der Auslegeordnung und dem ungeordneten Chaos
aus entsteht Neues. Buchstaben fügen sich zu neuen Wörtern zusammen, aus
wilden Wörtern werden Sätze, aus Sätzen Welten.

Zuletzt sind wir die wilden Erneuerinnen einer abgestandenen, ausge-
dienten und zutiefst langweiligen Normalität, die nur VerliererInnen schafft.

Power-Tips:

*Heute ist mein PARTNER-Tag, indem ich mich zu folgenden Schritten
verpflichte:*

- *Ich erstelle eine Liste meiner 10 wichtigsten Werte (in der Reihen-
  folge der Wichtigkeit). Ist ein Partner da, machen wir die Übung je
  einzeln und besprechen anschließend unsere Ergebnisse miteinan-*

der. Wir erstellen einen Aktionsplan, in welchem wir mindestens 5 konkrete Handlungen formulieren und terminieren. Es soll uns Spaß machen und uns einander näherbringen.

- Mit meinem Partner formuliere ich in der Commitment-Sprache die 10 Spielregeln für unsere inspirierende, impulsgebende Partnerschaft. Wir halten uns beide daran.

- Ich bin mich. Ich frage meinen Partner und alle Männer um mich herum um Rat, bitte um Hilfestellung, lasse mich verwöhnen und nehme jedes Kompliment als Geschenk an. Ich gestatte mir, nicht perfekt zu sein und mich von Männern tragen zu lassen. Ich beobachte, wie Männer darauf reagieren.

- Ich mache heute meinem Partner und den wichtigsten drei Männern in meinem Leben ein kleines, ehrliches Geschenk. Ich überrasche sie mit einem Lob, mit Anerkennung, einer Geste oder einem Präsent, das von Herzen kommt.

- Mir selbst mache ich heute das Geschenk des Vergebens. Ich schreibe die Namen der Männer in meinem Leben auf, die mich verletzt, allein gelassen und mir weh getan haben. Ich vergebe jedem dieser Männer bewußt und werde mir selbstbewußt, welchen Beitrag ich dazu geleistet habe. Ich schreibe mir diese Erkenntnisse hinter dem Namen des betreffenden Mannes auf. Ich lasse damit los und weiß, daß die Vergangenheit über mich keine Macht mehr hat.

- Ich notiere auf einem Blatt, was ich mir von meinem Partner und den wichtigsten Männern in meinem Leben wünsche. Meine Liste umfaßt meine Bedürfnisse und Erwartungen. Hinter jedem Namen stehen die Stichworte. Hinter diesen Stichworten notiere ich, was ich selbst beitragen kann, damit dieser Wunsch schnellstmöglich in Erfüllung geht.

- *Ich schreibe auf, welche Männer ich nicht mehr in meinem Leben will. Ich schreibe mir die Gründe auf und werde mit diesen Männern innert zwei Wochen ein offenes Gespräch über meine Erkenntnisse führen und gegebenenfalls die Konsequenzen ziehen. Ich handle klar, ehrlich, unmißverständlich und fair.*

> *Warum soll ich nicht beim Gehen – sprach er – in die Ferne sehen? Schön ist es auch anderswo, und hier bin ich sowieso!*
>
> Wilhelm Busch

Blaue Flecken auf der Seele

In allen Fällen gilt: Lieber von Picasso gemalt, als vom Leben gezeichnet!
Vielleicht können Sie über das eben Gelesene bestenfalls mild lächeln. Sie sind einer charakterlichen Mogelpackung auf den Leim gegangen und können jetzt das eine vom andern besser unterscheiden. Das ist ganz in Ordnung so.

Mit Sicherheit ist eine Scheidung/Trennung ein Wachstumsprozeß erster Güte. Durch die vielen Coaching-Gespräche in meinen Seminaren und Beratungen habe ich erkannt, daß Scheidungen nicht primär deshalb so unendlich schmerzen, weil es um den Verlust des Partners geht. Schmerzen bereitet in dieser Extremsituation des menschlichen Reifens vielmehr die unumgängliche Konfrontation mit den eigenen Ängsten und Werten, mit der eigenen Verletzlichkeit und dem Gefühl des Scheiterns.

> *Sensibel ist die Erde über den Quellen: kein Baum darf gefällt, keine Wurzel gerodet werden. Die Quellen könnten versiegen.*
>
> *Wie viele Bäume werden gefällt, wie viele Wurzeln gerodet – in uns.»*
>
> Reiner Kunze

Ob Sie nun eine Trennung ins Auge fassen, ob Sie nun mitten in der Scheidung stehen oder ob Sie gerade geschieden wurden: Sie sind auf dem Weg. Und das ist gut so. Gehen Sie bewußt durch die tausend Tode Ihres Wachstumsprozesses und vertrauen Sie darauf, daß Sie sich zuletzt verändert wiederfinden werden: schöner und wacher, weiser und reifer denn je.

Feiern Sie mit sich deshalb die Heilungsschritte Ihrer blauen Seelenflecken, ohne sich allerdings in Trauer aufzulösen. Die Trauer dient lediglich der Verarbeitung, dem Loslassen und dem Verzeihen. Ihr Gegenpol ist Freude, Aufatmen, rituelles Feiern, Tanzen und Lachen. Suchen Sie ganz bewußt immer wieder den Gegenpol und stellen Sie die Uhr, bis wann Sie ihre Trauer ausleben, und ab wann Sie Ihr neues Leben feiern wollen.

«Lieber den Frosch an der Wand, als den Alptraum in der Hand!»

Von jetzt an befinden Sie sich in einer neuen Lebensphase. Helfen Sie sich selbst. Niemand wird Ihnen wirklich helfen, Wunden zu verarzten. Verlassen Sie sich auf sich selbst, auf die Heilung der Zeit und darauf, ein Stück weiser geworden zu sein.

Sie müssen, ja dürfen, sich selbst durch die Emotionen führen. Sie unternehmen eine Gratwanderung zwischen Vergangenheit, Gegenwart und Zukunft. Sie haben gerade viel Trauer, Alpträume und Irrungen hinter sich gelassen.

Es ist jetzt der Zeitpunkt da, eigene Träume niederzuschreiben, Pläne zu machen, einen Flug in die Sonne zu buchen, mit einer Freundin einen Liebesfilm anzusehen, sich selbst einen Brief zu schreiben und sich darin für den Mut dieser Lebensprobe zu beglückwünschen.

Trennungsängste

Oft ist die Angst vor einer Trennung schlimmer als der Schmerz danach. Man kann seine Ängste als dunkle Seelenschatten verdrängen oder sie respektieren und annehmen. Ängsten wohnt tiefe menschliche Elementarkraft inne. Die Entscheidung, ob wir sie als depressive Stolpersteine oder als weiteren Ausgangspunkt für Entwicklung und Reifung in unser Leben eingreifen lassen, liegt in unserer Hand.

Zur Heiterkeit des Loslassens:
Die sechs Schritte, «das Buch zu schließen»

Harriet Rubin zieht zur Veranschaulichung von Trennungsprozessen buddhistische Weisheit herbei: «Ein buddhistisches Sprichwort sagt: ‹Du mußt das Buch schließen›. In den Tempeln des Buddhismus sieht man die Statue einer Frau, die die Weisheit darstellt. Sie trägt zwei Gegenstände: ein Buch und ein Messer. Das sind ihre Werkzeuge; ein Buch für den Geist und ein Messer, um Dinge abzuschneiden. Ein entscheidender Teil der Weisheit liegt darin, abbrechen zu können, zu wissen, was man beenden muß, wann und wie man es tun muß. Die Art und Weise, in der Sie das Buch schließen, einen Schnitt machen, bestimmt, ob die Geschichte dennoch weitergehen wird.»[6]

1. Den Kreis mit Bedacht schließen

Wenn Sie sich bewußt entschieden haben, etwas loszulassen, sollten Sie das konsequent und mit Bedacht tun. Etwas loszulassen heißt nämlich noch nicht, es wirklich los zu sein. Wir müssen den Kreis einer Geschichte vollständig schließen, um ihr möglichst liebevoll und definitiv jeden Einfluß auf unsere Befindlichkeit zu nehmen. Im besten Fall wird Ihnen eine positive Beendigung eines Kapitels Ihres Lebens gelingen; dazu brauchen Sie erst einmal Distanz, Ruhe und Zeit. Dies ist für Sie auch die Zeit der Reifung und Heilung.

2. Schlußstrich

Aus dieser Stärke heraus ziehen Sie dann den konsequenten, ultimativen Schlußstrich. Sie wissen, daß auf den Schmerz des Augenblicks eine Größe und Freiheit entsteht, die Sie noch nie in dieser Form kannten. Ist Ihre Entscheidung gefällt und der Schlußstrich rational und emotional gezogen, blicken Sie nie mehr zurück. Sie haben jetzt den «Point of no return» überschritten. Sie haben nicht nur innerlich gekündigt, sondern selbstbewußt das Recht der Urheberin in Anspruch genommen. Stellen Sie nie mehr die Frage nach dem Warum. Lassen Sie die Vergangenheit ruhen. Sie leben jetzt und planen nun die Zukunft.

3. Räume für Drehbucharbeit

Losgelassen zu haben heißt, daß Sie sich jetzt hinsetzen, an Ihrem Drehbuch weiterarbeiten, daß Sie tanzen, singen, lachen, sich freuen an all den wundervollen

Dingen, die Sie haben, kurzum: daß Sie den Angelegenheiten, unter die Sie einen Schlußstrich gesetzt haben, für eine bestimmte Zeit keine Aufmerksamkeit mehr schenken. Damit verdrängen Sie nichts, vielmehr schenken Sie sich jetzt eine Phase der Linderung und Distanzierung, die Ihnen den weiteren Weg erleichtern wird.

4. Lustvolle Linderung

Die Phase der Linderung soll Ihnen gut tun, Spaß bereiten, lustvoll sein. Sprechen Sie mit ausgewählten Menschen über Ihre Träume, Wünsche, Ziele und die konkreten Schritte dahin. Machen Sie Luftsprünge aus dem Gefängnis Ihres «Todesstreifens», den Estés sehr anschaulich beschreibt: «Der Todesstreifen ist ein emotionales Minenfeld mit Wachtürmen, Schutzwällen, oft auch Türen mit zwanzig Schlössern, die dann im Traum von allerlei dunklen Gestalten verriegelt werden, während andere dunkle Gestalten neue Schutzwälle mit neuen Stacheldrahtrollen versehen. Permanent werden irgendwelche Sicherheitsvorkehrungen getroffen, damit das Geheimnis nur ja nicht nach außen dringt.»[7] Stehen Sie zur Vergangenheit und sprechen Sie über Ihre Zukunft! Verwenden Sie Ihre Energie nicht für eine Sache, die Sie ohnehin passé ist, sondern lassen Sie sie sprühen und entflammen in Ihr neues Leben.

5. Vorwärtsstrategie!

Werfen Sie die «inneren Homunkuli», als «kleine graue Leute von der Egoschutzpolizei»[8] aus Ihrem Innenleben und werden Sie zum weiblichen Phoenix, die gerade eben aus der Asche entstieg, um gegen ihren neuen Himmel zu fliegen! Gehen Sie zum Kapitel 4 zurück, machen Sie die Power-Übungen, genießen Sie und – fahren Sie anschließend fort mit der Lektüre.

6. Strategien gegen den Zorn: Seien Sie Alchemistin!

Zorn ist eine bindende Kraft. Sie bindet uns an das Vergangene und nährt sich an unserem Kraftreservoir. Begegnen Sie Ihren berechtigten Emotionen des Zorns, die immer mal wieder aufflackern können, mit Respekt. Holen Sie nicht zu Vergeltungsschlägen aus! Vielmehr können Sie Zorn jederzeit in Kreativität umwandeln und in diesem Sinne zur Alchemistin werden. Indem Sie auch einmal diametral entgegen ihrem üblichen Verhaltensmuster agieren, werden Sie Schritt für Schritt Ihre Bewegungsfreiheit wiederfinden und garantiert Ihr Schmunzeln zurückgewinnen. Senden Sie Ihrem ehemaligen Partner eine witzige Geburtstagskarte, wenn er von Ihnen für die Zeit seines Lebens kein Zeichen mehr erwartet, weil er Ihren Haß gespürt hat. Senden Sie ihm keine Karte, wenn Sie sich in gutem Einvernehmen getrennt und ihn losgelassen haben, ohne den Wunsch nach Kontakt zu verspüren. Unterlassen Sie es, höflich zu sein, wenn Ihnen nicht danach ist. Experimentieren Sie mit Ihren Emotionen, mit Ihrer Power und Ihrer Fähigkeit, immer wieder zu erstaunen. Stürzen Sie sich ins Abenteuer Leben, wischen Sie Ihre Tränen ab, Sie sind Ihren Träumen schon wieder ein Stück näher! Führen Sie unbedingt Ablösungsrituale durch und bewahren Sie dabei stets Ihren persönlichen Stil.

Übung: Mein 10-Punkte-Programm «Learn to say good bye!»

Ohne Zögern Good bye zu sagen, ganz ohne schlechtes Gewissen, ohne Angst in der Stimme und ohne das Gefühl, den Boden unter den Füssen zu verlieren, scheint für uns Frauen ganz besonders schwierig zu sein. Das nachfolgende 10-Punkte-Programm zeigt Ihnen konkrete Wege zur Abhilfe auf. Sie können es selbstverständlich auch anwenden, wenn Sie sich von Ihrem Chef oder von einem unangenehmen Kunden trennen wollen. Trainieren Sie die Kunst des heiteren Verabschiedens!

1. *Ich nehme ein rituelles Bad, in welchem ich mich von meinen Bedenken, meinen negativen Gefühlen, meinen Ängsten und meiner Wut reinige. Ich versenke meine emotionalen Bremsklötze mit dem Badewasser. Anschließend feiere ich diesen Akt mit einem Glas Champagner und einem wundervollen Essen.*

2. *Ich organisiere jetzt ein «New-Life-Wochenende» in xy, zusammen mit xy. Dieses Wochenende bedeutet Ende und Anfang. Alles, was danach kommt, ist bereits Teil meines neuen Lebensweges. Viel-*

leicht habe ich Lust, Goethes Gedicht «Stirb und werde!» aus dem Westöstlichen Divan zu lesen.

3. Ich schreibe einen Liebesbrief an mein Leben und lade zu meinem «Liebes-Leben-Fest» ein. Diesen Liebesbrief lese ich meinen FreundInnen laut und wagemutig vor, wenn sie sich an meinem Fest einfinden. Das Fest steht unter dem Motto «Ver-rückt!» und entspricht damit der Tatsache, daß ich vor kurzem meine Realität ganz entschieden ver-rückt habe. Ich serviere alle Köstlichkeiten in schrillen Farben, bitte meine FreundInnen, etwas Verrücktes mitzubringen, aufzuführen, vorzutragen, zu organisieren. Willkommen ist alles, was zusätzlich ver-rückt und neuen Glanz in neues Leben bringt. Trübe Tassen sind nicht willkommen.

4. Ich gebe jetzt alle symbolischen Gegenstände der Vergangenheit zurück, die mich zurückhalten, nach vorne zu blicken. Ich übergebe sie der Vergangenheit, ganz bewußt und mit allem Respekt. Ich beginne mit dem Gegenstand, der mich am meisten schmerzt! Rückgabeorte sind die Elemente Wasser, Feuer und Erde oder Adressen der Vergangenheit (Vorsicht: Verletzen Sie niemanden, sonst binden Sie mehr, als Sie loslassen!).

5. Ich mache Freude. Ich lasse Gesichter strahlen. Ich spiele einen ganzen Tag lang «Glücksbringerin» und beobachte, was das in mir auslöst! Ich stelle meine Gefühle zurück und kopple mich an die Glücksgefühle anderer an.

Und nun sind Sie gefordert: Vervollständigen Sie Ihr Programm des heiteren Verabschiedens!

6. ....

....

....

7. ....
....
....

8. ....
....
....

9. ....
....
....

10. ....
....
....

Power-Tips:

Heute ist mein Tag der DISZIPLIN, indem ich mich zu folgenden Schritten verpflichte:

- *Bei Wut und Trauer «stelle ich den Wecker». Ich lege fest, wieviel Zeit ich für diese Emotionen investiere. Diese Zeit lebe ich bewußt aus. Ich weine, hasse, lege mir Rachepläne zurecht (die ich nicht ausführe!), schreibe mir die Qual von der Seele (ohne den Brief abzusenden!) und gehe in die tiefsten Abgründe meines Seelenschmetters. Wenn der Wecker läutet, beende ich diese Phase sofort. Ich werde dann meine Lieblingsmusik auflegen, meinen Lieblingsfilm ansehen, mich bewußt mit Dingen beschäftigen, die mich freuen. Ich werde tanzen, ein Lied singen, lachen und jemanden anrufen oder treffen, der mir meine Lebensfreude erhält. Ich weiß jetzt, daß ich mich in der Meisterschaft über meine Emotionen übe und mich zu keiner Zeit auf meine Gefühle reduzieren lasse.*

- *Ich erstelle eine Liste von 10 «High on Life»-Aktionen (siehe unten), die mir sofort helfen, aus einem emotionalen Tief herauszukommen. Diese Liste trage ich auf mir und nehme sie zur Hand, wenn ich bemerke, daß ich von negativen Gefühlen bedroht werde.*

- *Wenn ich traurig bin, notiere ich sofort 10 Dinge, für die ich dankbar bin. Ich werde spüren, wie mich diese Rettungsaktion aufbaut.*

- *Ich verwende die Technik des «Gedankenstopps»: Ich stoppe jeden negativen Gedanken und leite sofort auf eine Tätigkeit über, die mich positiv fordert und fördert.*

- *Ich schreibe mir selbst einen Brief, in welchem ich mich beglückwünsche für den Mut, mich dieser Lebensprobe gestellt zu haben.*

- *Ich anerkenne mich und andere dafür, lebendig zu sein. Ich lebe ein intensives Leben voller Hochs und Tiefs. Diese Lebendigkeit beinhaltet das Lachen wie das Weinen.*

- *Ich betrachte mein Gesicht im Spiegel und die Sprache, die das Leben darin eingeschrieben hat. Kein Schönheitschirurg hätte dies für mich tun können!*

- *Ich schreibe heute ein Gedicht, das ich weiterschenke. Es soll ein Lobpreis des Lebens und all der guten Dinge sein, die mir geschenkt wurden. (Auch wenn Sie glauben, kein Gedicht schreiben zu können: Tun Sie es!)*

Meine 10 «High on Life»-Aktionen

1. Ich werde sofort ....
2. Ich werde sofort ....
3. Ich werde sofort ....

184

4. Ich werde sofort ....

5. Ich werde sofort ....

6. Ich werde sofort ....

7. Ich werde sofort ....

8. Ich werde sofort ....

9. Ich werde sofort ....

10. Ich werde sofort ....

> *When I am all hassled about something, I always stop and ask myself what difference it will make in the evolution of the human species in the next ten million years, and that question always helps me to get back my perspective.*
>
> Anne Wilson Schaefer [9]

Anmerkungen:

[1] Hasler, Eveline, *Die Wachsflügelfrau. Geschichte der Emily Kempin-Spyri*, Nagel & Kimche, Zürich, 1991, 322.

[2] Gysling, Andrea, *Der grenzenlose Mann. Über wahre und fragwürdige Männlichkeit*, Kreuz, Zürich, 1993, 14–17.

[3] Gysling, ebenda.

[4] Zickendraht, Veronika, *Mach mich glücklich, reich mach ich mich selbst. Erfolgreiche Frauen und Partnerschaft*, Kösel, München 1998, 10 ff.

[5] Gysling, ebenda.

[6] Rubin, *Machiavelli für Frauen*, ebenda, 136 ff.

[7] Estés, *Die Wolfsfrau*, ebenda, 414.

[8] Estés, ebenda, 415.

[9] Zit. aus: Wilson Schaefer, Anne, *Meditations for Woman*, ebenda, 25, Januar.

15.
Aufstehen: Niederlagen und ihre Stoßkraft

Lieber auf neuen Wegen stolpern, als in alten Bahnen auf der Stelle treten!

Mit Sicherheit passieren mehr Fehler, wenn wir neue Wege unter die Füße nehmen; gleichwohl liegt hierin unsere einzige Möglichkeit, wirklich zu leben, lebendig lernend und stetig reifend eben auch die Erfahrungen zu machen, die zuweilen schmerzhaft sind und Wunden hinterlassen. Jedes Leid öffnet uns die Augen. Ziel ist es, künftig neue Fehler zu machen und nicht alte zu wiederholen. Verrückterweise bewegen sogenannte Niederlagen mehr, als Erfolgserlebnisse.

> *Der Kopf ist rund, damit die Gedanken ihre Richtung ändern können.*
>
> Francis Picabia

Meister Eckhart, der mittelalterliche Mystiker, sprach sogar davon, daß das «Leid das Tier ist, das am schnellsten zum Ziel führt»[1]; lange hat die Kirche sich diese sogenannte Theodizee, die in der mittelalterlichen Mystik eine starke Ausprägung fand, zu Herzen genommen und eine Leidens- und Passionslehre für den Menschen entwickelt, die uns sehr viel Lebenskraft geraubt hat. Gleichwohl gehe ich wie Eckhart davon aus, daß uns nichts schneller weiterbringt als eine schmerzhafte, leidvolle Erfahrung. Eine Niederlage führt zwingend zu einer eingehenden Beschäftigung mit sich selbst. Wer sich dieser Prüfung nicht stellt, wird dieselbe oder eine ähnliche Leidenserfahrung wieder und wieder machen. Die Frage nach der Korrellation von Leiden und menschlichem Reifen hat die Welt stets bewegt. Stendhal etwa schuf das Bildnis: «Nur in kranken Muscheln finden sich Perlen». Die Krankheit der Muschel lässt in Form der Perle ein einmaliges

Kunstwerk reifen. Vielleicht haben Sie auch schon längere Zeit in der Wüste verbracht und könnten viel erzählen über Entbehrungen, die etwa lauten könnten: «Viele von uns haben ein Wüstenleben geführt: karg an der Oberfläche, enorm weitverzweigt im Untergrund. Während manche Frau sich von Natur aus in den Einsiedeleien der Psyche heimisch fühlt, weil sie dort die größtmöglichen Freiheiten empfindet, fühlen die meisten Frauen sich aufgrund von alten Verletzungen dorthin verbannt, oder die Kultur, in die sie hineingeboren wurden, hat ihnen ein ausdrucksstarkes Leben an der Oberfläche versagt. Die meisten Frauen hassen dieses ohnmächtige Gefühl der Verbannung in die Leere, wo es im Umkreis von fünfhundert Meilen nur einen ledrigen Kaktus mit einer einzigen leuchtend roten Blüte gibt. Aber ich sage Euch, geht noch ein paar Schritte weiter in diese Leere hinein. Nur noch ein kleines Stückchen tiefer im eigenen Untergrund wartet etwas Heilsames, das niemanden zurückweist, der es so weit geschafft hat. Klopft an die verwitterte Tür im hintersten Korridor Eurer Seele, klettert durch das Fenster eines Traums, siebt den Wüstensand noch einmal gründlich durch und seht, was Ihr dann findet. Dies ist die einzige Arbeit, die niemandem erspart bleibt. ... Nun denn. Geht in die Wüste, freiwillig Knochen sammeln!»[2]

Kindheits-Versprechen

Dem Erfolg vieler Frauen liegt ein oft schon in jungen Jahren abgegebenes Versprechen zugrunde. Kernsätze wie «ich will nie ein langweiliges Leben leben», «ich werde es allen beweisen» oder «ich bin anders» wirken in erstaunlichem Maß verhaltenssteuernd. Sie sind Motor zum Aufbruch, stetem Weitergehen, und zu hoher Leistungs- und Lernbereitschaft.

Frauen dagegen, die tief verletzt und im Opfergang über ihre Erfolgslosigkeit klagen, werden in aller Regel von anderen Kindheitsversprechen angeleitet. Kernsätze wie «ich bin nicht liebenswert» oder «ich bin nicht gut genug» sind schmerzhaft und lassen manchen Aufbruchsversuch scheitern. Geben Sie sich, sollten Ihre Kernsätze Ähnlichkeiten mit den beiden letztgenannten aufweisen, unbedingt ein neues Versprechen ab. Erinnern Sie sich mit diesem Commitment Ihrer 100prozentigen Selbstverantwortung. Sie sind die Urheberin Ihres Lebens und wollen sich die Opferrolle nicht mehr leisten! In meinen Seminaren nimmt die Arbeit an einem powervollen und inspirierenden Commitment zu sich selbst einen hohen Stellenwert ein. Lassen Sie sich von den nachstehenden Beispielen inspirieren und kreieren Sie Ihr eigenes Commitment:

- «Ich bin eine glückliche Gewinnerin!»
- «Ich bin eine erfolgreiche Unternehmerin!»
- «Ich bin eine inspirierende Geschäftsfrau!»
- «Ich bin eine powervolle Wissenschaftlerin!»

Schreiben Sie Ihr persönliches Commitment nieder, tragen Sie es solange auf sich, bis Sie Ihr Commitment *sind!* Sie werden umgehend spüren, wieviel Kraft darin liegt. Sie werden staunen, wieviel Wundervolles Ihnen plötzlich ganz «zufällig» zuteil wird.

«Ich, (Name) .... bin eine ....

Mit der Zahl der Fehler, die wir machen, steigt auch die Zahl der Erfolgserlebnisse: da nämlich, wo angepackt, vorwärtsgemacht und umgesetzt wird.

Gerade in Führungspositionen gilt mehr denn je: Worte interessieren nur, wo Taten folgen! Wo Taten folgen, geschehen Fehler. Aber auch Quantensprünge zum Erfolg als lernender Mensch und als lernende Organisation sind möglich. Krisensituationen und Phasen des Umbruchs fragen nach Leistung, Ertrag und Lösungen für drängende Fragen und Probleme. Mit jeder Krise, die wir durchleben, wachsen wir.

Wie gut darf es in meinem Leben sein?

Die meisten meiner Seminarteilnehmerinnen und Coaching-Partnerinnen lächeln auf diese Frage und sagen «gut». Gewöhnlich folgen dann aber in Nebensätzen auch Bedenken bezüglich eigener Unvollkommenheiten, Fehler und Mängel, die einem *wirklich* guten Leben noch im Wege stehen. Ihre Fehler stehen Ihnen nicht im Weg, sie *sind* der Weg.

So einfach es sich anhören mag: Die Erkenntnis, daß auch Niederlagen nur mit uns selbst zu tun haben und nichts als eine prompte Lieferung des von uns Bestellten darstellen, wird zu Ihrem Durchbruch führen.

Raus aus dem kalten Wasser!

Eine Frau, erfolgreich, reich, schön und begehrt, nahm sich einst Zeit, einem See entlang zu gehen und die Schönheit ihres Lebens zu betrachten. Sie begegnete einem kleinen Mädchen und die beiden kamen miteinander ins Gespräch. Da fragte die Frau das Mädchen: «Wenn jemand vom Segelschiff, das wir beide da draußen auf dem See schwimmen sehen, ins Wasser fiele, müßte dieser Mensch dann ertrinken?» Das Mädchen schaute ins tiefe Wasser und antwortete: «Ja, er würde ertrinken!» Die Frau lächelte und antwortete: «Ich sah noch niemanden ertrinken, bloß weil er ins Wasser gefallen ist. Ertrinken kann nur, wer im kalten Wasser bleibt!»

Mit jedem Problem verhält es sich wie in dieser Geschichte: Das Problem selbst ist meistens nicht das Problem, sondern vielmehr ist es die Frage, wie lange wir uns gestatten, das Problem nicht zu lösen und mit ihm im kalten Wasser zu stehen.

Tendenziell neigen wir dazu, Probleme nicht zu lösen, sondern vor uns herzuschieben. Wir fallen alle regelmäßig ins Wasser, doch sollten wir nicht über das Problem nachdenken, sondern mit der Frage, wie wir schnellstmöglich aus dem Wasser kommen, beschäftigt sein.

Ins Wasser zu fallen ist eine großartige Gelegenheit, sich aus der Komfortzone zu entfernen! Je kälter das Wasser ist, desto schneller müssen wir wachsen und eine Lösung finden. Daraus entstehen oft wunderbare Wachstumsprozesse, die Energien freilegen und uns über unsere Begrenztheit hinauswachsen lassen.

Aus den Problemen gestärkt herauskommen

Jeder Idiot kann Erfolg haben. Aber Mißerfolge erfolgreich zu handhaben – erfordert wahre Größe und Brillanz! Als Gewinnerin wissen Sie, daß es kein Leben ohne Probleme gibt; Sie dürfen auch *mit* Problemen glücklich sein. Sehen Sie von Selbstvorwürfen und Rechtfertigungen ab; nehmen Sie das an, was ist. Solange Sie Lebendigkeit als Lebensprämisse sehen, werden Sie kein vollends geordnetes, problemloses Leben anstreben.

Wie verhalten Sie sich nach Mißerfolgen, nach einem Sturz ins kalte Wasser? Gehen mit Ihnen auch Ihre Träume baden und werden Sie zur fröstelnden Kaltwasserschwimmerin – oder machen Sie sich auf die Suche nach jenen Wasseradern, die Sie in wärmere Gefilde führen?

Lassen Sie sich von gescheiterten Versuchen nicht abschrecken. Für Gewinnerinnen ist es eine Selbstverständlichkeit, daß oft mehrere Anläufe genommen werden müssen, bis sich ein Erfolg einstellt. Viele Frauen geben allzu schnell auf und resignieren. Gehen Sie gerade dann noch ein Stück weiter, wenn Sie glauben, weiter nicht mehr gehen zu können. Sie offenbaren damit nicht nur unmißverständlich Ihr Selbstvertrauen und Ihre Zuversicht, Sie werden auch die Erfahrung machen, daß der Durchbruch des öfteren auf eben diesem Wegstück liegt.

Beantworten Sie nach einem Sturz ins kalte Wasser die sieben nachstehenden Fragen:

Sieben-Schritte-Programm

1. Was ist positiv an meinem Problem?
2. Was ändere ich grundsätzlich an meiner Einstellung und in meinem Leben, damit dieses Problem nicht wieder Eingang findet? (Schreiben Sie konkrete Ziele in Form von Commitments auf!)
3. Welche Lösungs-Szenarien führen schnellstmöglich aus dem kalten Wasser?
4. Welche Lösung ist die klügste?
5. Wie führe ich die Lösung durch? (Schreiben Sie die drei wichtigsten Maßnahmen als Commitments auf.)
6. Wie finde ich Freude an der Problemlösung?
7. Wie und mit wem feiere ich, wenn ich aus dem Wasser bin?

Power-Tips:

Heute ist mein Tag der HERAUSFORDERUNGEN, indem ich mich zu folgenden Schritten verpflichte:

- *Ich packe heute jedes Problem sofort an und gehe durch das Sieben-Schritte-Programm.*

- *Ich löse ein Problem, mit dem ich schon seit längerem im kalten Wasser stehe, und starte noch heute mit der Lösung im Sieben-Schritte-Programm.*

- *Ich meide das Wort «Problem» und werde jede Herausforderung mit Begeisterung als Wachstumschance begrüßen.*

- *Ich löse heute kein Problem eines andern Menschen, sondern arbeite an mir.*

- *Wenn ich in der Wüste bin, suche ich meine rote Knospe, die mir jetzt sofort den Weg weist in meine Oase. Ich gebe nicht auf, bis ich sie gefunden habe.*

«Auch Gewinnerinnen haben Angst.»

«Vor meiner Wut steht meine Angst, hinter meiner Wut wartet die Liebe.»

Hans Curt Flemming

Man wird dem Phänomen Angst nicht gerecht, wenn man es ausschließlich mit den hinlänglich bekannten negativen Konnotationen umschreibt. Man braucht nur das richtige Licht auf die eigenen Ängste zu werfen, um sie als maskierte Wünsche zu erkennen, die direkt auf unsere Sehnsüchte und Träume verweisen.

Wenn wir uns unserer Ängste bewußt sind, verfügen wir über die sichere Basis für den richtigen Umgang mit ihnen. Es ist buchstäblich gewinnbringend, die eigenen Ängste zu be-greifen. Immer wieder erlebe ich am Beispiel von Führungskräften, wie unproduktiv es ist, sich Ängste nicht einzugestehen. Es erfordert immense Kraft, die eigenen Ängste, auch vor sich selbst, zu kaschieren. Dieses Verhalten fördert überdies nichts anderes als die Vermehrung der eigenen Ängste.

Eine wirksame Gegenstrategie zur Angst ist die Anerkennung der schönen, inspirierenden und gedeihenden Dinge in Ihrem Leben. Sie können diesen Lichtknopf jederzeit betätigen: Schreiben Sie in Ihr Erfolgsjournal sofort auf, was

Sie erfolgreich macht, lesen Sie Ihre bisherigen Einträge und seien Sie für diese Kostbarkeiten in Ihrem Leben einfach dankbar.

Viele Unternehmerinnen, besonders Unternehmensgründerinnen, sehen sich periodisch mit Existenzängsten konfrontiert. Diese Ängste hemmen nicht nur die Power und die Begeisterung, die sie einst zum Schritt in die Selbstständigkeit beflügelt haben; sie wirken sich auch äußerst ungünstig auf die Realisierung Ihrer hohen Ziele und inspirierenden Visionen aus.

Zehn Goldene Regeln gegen die Angst

1. **Lesen Sie Ihr Erfolgsjournal und stellen Sie fest, wieviele Erfolgsstorys Sie schon innert kürzester Zeit zu verbuchen haben!**

2. **Rufen Sie einen Menschen an, den Sie für seinen Mut bewundern. Sprechen Sie über Ihre Visionen und Ziele und lassen Sie sich ermutigen!**

3. **Sprechen Sie Ihr persönliches Commitment (siehe S. 189) mindestens zehnmal laut aus. Spüren Sie die Kräfte, die das bei Ihnen mobilisiert!**

4. **Bewegen Sie sich! Joggen Sie, springen Sie, tanzen Sie – egal, was Sie tun: Hauptsache, Sie kommen vom kleinen Standpunkt der Verzagten weg!**

5. **Spielen Sie mit der Technik des Gedankenstopps, und hören Sie ein Lied, das Sie anpowert; singen Sie mit und lassen Sie sich von den Klängen in Ihre Vision hineintragen!**

6. **Visualisieren Sie Ihr Traumziel! Schließen Sie die Augen, und träumen Sie den Film zu Ende. Wie fühlt es sich an, wenn Sie erreicht haben, wovon Sie träumen? Nehmen Sie das Gefühl mit und verhalten Sie sich so, als wären Sie bereits da!**

7. Meiden Sie jetzt Menschen, die Sie dämpfen. Suchen Sie die Gesellschaft von Gewinnerinnen und Gewinnern!

8. Tun Sie jetzt etwas, wovor Sie sich sonst fürchten! Beweisen Sie sich, daß Sie zu Aussergewöhnlichem fähig sind!

9. Wenn Sie Zweifel quälen, so verbannen Sie diese. Ihre Frage ist nicht ob, sondern wie! Wie werden Sie die Sache anpacken, die Ihnen Angst gemacht hat? Schreiben Sie alle Schritte auf!

10. Errinnern Sie sich an einen persönlichen Moment der Stärke und Siegesgewißheit. Visualisieren Sie diese Erinnerung und schöpfen Sie Kraft daraus!

Eine Frage des Maßes

Ein komplett angstfreies Leben anzustreben ist, wie bereits ausgeführt, illusorisch. Entscheidend ist nicht unbedingt, ob Sie Ängste haben oder nicht, sondern ob Sie diese kontrollieren oder von ihnen beherrscht werden. Fassen Sie kleine Ängste als ganz gewöhnlichen Bestandteil Ihres Lebens auf. Seien Sie stolz, wenn Sie Ihre Ängste annehmen und in Ihr Verhalten einbinden können. Ergreifen Sie dagegen unverzüglich Gegenmaßnahmen, wenn Ängste Ihre Lebensqualität nachhaltig beeinträchtigen. Verwandeln Sie Ihre Angst in ein weiteres Erfolgsinstrument!

Power-Tips:

Heute ist mein Tag der FURCHTLOSIGKEIT, indem ich mich zu folgenden Schritten verpflichte:

- **Ich schreibe meine größten Ängste auf. Ebenso halte ich fest, was sich aus den betreffenden Situationen schlimmstenfalls ergeben könnte. Dann notiere ich meine Lösungs-Szenarien mit Hilfe des Sieben-Schritte-Programms. Ich werde feststellen, daß das Schlimmste nicht schlimm genug ist, um den Lebensmut zu verlieren.**

- Ich überlege mir, welche größten Befürchtungen meines Lebens bisher wirklich eingetreten sind. Ich werde feststellen, wie selten meine Ängste berechtigt sind.

- Ich packe eine bestimmte Angst beim Schopf und handle: Ich lasse mich nicht von dieser Angst bewegen, sondern bewege Lösungen.

- Ich arbeite sofort wieder mit dem Gedankenstopp, wenn ich gedanklich um meine Ängste kreise.

- Ich suche die Gesellschaft von Gewinnerinnen und Gewinnern! Ich lasse mich von ihrer Lebensfreude anstecken und genieße ihre inspirierende Wirkung. Andererseits meide ich den Umgang mit Menschen, die meine Ängste schüren.

- Ich lasse heute für eine Stunde meine Seele baumeln. Ich höre Musik, genieße ein prickelndes Glas Champagner in einem wundervoll duftenden Bad; ich lasse mich von meinem Partner zärtlich verwöhnen, gehe spazieren, tanke Sonnenlicht.

- Ich gehe lächelnd durch den Tag. Gott gab uns ein Gesicht – lächeln müssen wir selbst! (Manchmal tut es besonders gut, milde über sich und seine Ängste zu lächeln!)

- Ich träume alle Happy Ends meiner Ziele und Visionen! Ich visualisiere im Detail den Erfolgsfilm meines Lebens, den ich sofort zu inszenieren beginne. Ich spüre die Freude daran und lasse sie nie mehr los!

- Ich schließe Frieden mit meinen Ängsten, indem ich mich ihnen jederzeit stelle. Als Feinde schlagen sie erbarmungslos zurück, als Freunde motivieren sie mich zu großen Leistungen und Wachstum.

- *Wenn ich keine Ängste zu haben glaube, überarbeite ich meine Ziele. Vermutlich sind sie zu tief gesteckt.*

Anmerkungen:

[1] Haas, Alois M., et alii, *Lerne leiden. Leidensbewältigung in der deutschen Mystik,* Herrenalber Texte 67, Karlsruhe, 1985, 35–55.

[2] Estés, Clarissa Pinkola, *Die Wolfsfrau. Die Kraft der weiblichen Urinstinkte,* Heyne, München, 1996, 38–40.

16.
Nein: Das magische Wort!

Das NEIN, das ich sagen will,
ist hundertmal gedacht,
still formuliert, nie ausgesprochen.
Es brennt mir im Magen, nimmt mir den Atem,
wird zwischen meinen Zähnen zermalmt.

Und verläßt als freundliches JA meinen Mund.

Dieses Zitat erzeugt stets heiteres Gelächter – vorab bei weiblichem Publikum. Es trifft den Nerv unseres verkrampften Umgangs mit diesem hochbrisanten Wort. Jedem Nein geht ein Prozeß voraus, den wir Frauen erst in den letzten Jahren neu entdecken und zu lieben gelernt haben: der Prozeß des Entscheidens.

Das Wort «Entscheidung» verweist auf einen Prozeß des «Scheidens»; in der Entscheidung liegt also immer auch das willentliche Loslassen einer Option zugunsten einer andern. Eine Entscheidung wird besiegelt durch ein Ja oder ein Nein. Nicht zu entscheiden, heißt nichts anderes, als sich Optionen offenzuhalten, die sich unweigerlich verselbständigen und Sie zur Statistin degradieren. Wir können nicht falsch entscheiden: Jedes klare Ja und jedes klare Nein ist zum Zeitpunkt, in dem es ausgesprochen wird, korrekt. Sollten sich die Konsequenzen aus Ihrer Entscheidung nachträglich als problematisch erweisen, können Sie immer noch korrigierend eingreifen. Nicht zu entscheiden ist in jedem Fall falsch, weil Sie damit das Drehbuch und die Regie über Ihr Leben aus Ihren Händen geben.

Wir sind lange darauf getrimmt worden, unsere Ja-Politik bis zur Perfektion zu beherrschen. Das Wort «nein» ist der Schlüssel zu einer beinahe revolutionären Wende in der Frauengeschichte. Entscheidungsträgerinnen scheinen dieses magische Wort – nach anfänglichem Zögern – zunehmend zu lieben. Es macht einfach Spaß, schnell und eigenverantwortlich Entscheidungen zu treffen.

Nein!

«Nein» ist das magische Wort für unbescheidene und ehrgeizige Frauen. Der Wahn des Ja-Sagens macht uns krank, brennt uns aus und schafft Verliererinnen. Auch die beste Frau hat ihre Grenzen. Sagen Sie einfach nein und stehen Sie dazu. Ganz wichtig ist, daß Sie Ihr Nein nicht diskutieren. Lassen Sie es kraftvoll im Raum stehen und begehen Sie auf keinen Fall den Fehler, eine «zweite Runde zu fahren» und sich zu rechtfertigen! Sprechen Sie Ihr Nein bewußt laut, deutlich und akzentuiert aus. Auch hier gilt, daß Ihre Sprache Ihre Befindlichkeit ausdrückt und die kleinste Unsicherheit dazu führen kann, daß man Ihr Nein nicht ernst nimmt. Halten Sie dabei Blickkontakt, stehen Sie mit beiden Füßen fest auf dem Boden, lassen Sie zu, daß Sie sich anfänglich nicht besonders wohl fühlen. Vergessen Sie nicht: Sie sind am Anfang Ihrer Meisterinnenschaft des Nein-Sagens. Es ergibt keinen Sinn, wenn Sie alle Menschen um sich herum glücklich machen und sich dabei selbst in einen Zustand unangenehmer Befindlichkeit bringen. Akzeptieren Sie anfänglich Ihr schlechtes Gewissen und bleiben Sie in jedem Fall bei Ihrem Nein!

Mit einem Nein zur richtigen Zeit ziehen Sie Grenzen und schaffen sich Räume, in denen Sie regenerieren können. Löst Ihr Nein einen Appell an Ihr Mitleid oder unklare Vorwürfe aus, dürfen Sie davon ausgehen, daß man versucht, Sie zu manipulieren. Gehen Sie einfach weiter!

> *Nichts ist schwerer und nichts erfordert mehr Charakter, als sich im offenen Gegensatz zu seiner Zeit zu befinden und laut zu sagen NEIN!*
>
> Kurt Tucholsky

Ja!

Auch Ja-Sagen will geübt sein. Wenn Sie sich für ein Ja entschieden haben, dann bekennen Sie sich in aller Form dazu. Sprechen Sie es ebenso beherzt und unmißverständlich aus wie ein Nein. Verzichten Sie nach einem Ja auf jegliche

Einschränkung oder Relativierung. Streichen Sie insbesondere das sich eines geradezu inflationären Gebrauchs erfreuende «Ja, aber ...» aus Ihrem Vokabular. Ein klares und deutliches Ja setzt bei allen von Ihrer Entscheidung Betroffenen Energien frei – nicht zuletzt bei Ihnen selbst.

Ich plädiere ganz grundsätzlich für eine Lebenshaltung der Klarheit und Prägnanz und gegen alle pseudodemokratischen Mittelwege, die in aller Regel undurchsichtig, ergebnisarm und konfliktreich sind.

Der gekonnte Umgang mit Entscheidungssituationen verlangt sehr viel Übung. Täglich erlebe ich selbst, wie schwer es ist, schnell und kompromißlos zu entscheiden. Je differenzierter wir die Welt wahrnehmen, je mehr Lebenserfahrung wir haben, desto facettenreicher gestaltet sich die Betrachtung eines Sachverhaltes. An sich nimmt unsere Entscheidungskompetenz damit zwar zu, gleichzeitig entsteht aber auch die Gefahr, daß wir immer mehr zu «differenzierten Zaudererinnen» werden. Wer entscheiden will, kommt schlichtweg nicht umhin, eine gewisse Portion Mut aufzubringen. Vertrauen Sie unbedingt darauf, daß Sie die richtige Antwort in sich tragen. Horchen Sie in sich hinein. Kreieren Sie keine Entscheidungen, wenn Sie diese bloß in sich aufzuspüren brauchen.

Power-Tips:

Heute ist mein Tag der ENTSCHEIDUNGSKRAFT, indem ich mich zu folgenden Schritten verpflichte:

- *Ich entscheide schnell und sage «ja, und «nein».*

- *Ich gehe mit Herz an jede Sache! Wo es mir daran fehlt, sage ich «nein».*

- *Ich sage «nein» mit klarer Stimme, halte Blickkontakt und gebe keine Erklärung ab.*

- *Ich rechne dabei mit meinem schlechten Gewissen und lächle. Es wird sich legen!*

- *Ich schiebe heute keine einzige fällbare Entscheidung auf.*

- *Diagnostiziere ich einen Fehlentscheid, akzeptiere ich das und korrigiere sofort.*

- *Ich verlange heute von allen Mitarbeitenden Entscheidungen. Ich heize eine Kultur der Entscheidungsfreude an und gestatte explizit, daß Fehler passieren dürfen.*

17.
Immer weiter: Break your limits!

Keiner Frau ist es vom Schicksal her bestimmt worden, ihr Dasein als ... dressiertes Mädchen zu führen, das es nicht fertigbringt, einen mächtigen, wolfsartigen Satz nach vorn zu machen, sich auf die Jagd zu begeben und das Unbekannte zu erforschen!

Clarissa Pinkola Estés[1]

Clarissa Pinkola Estés schreibt in ihrem zum Kultbuch avancierten Bestseller «Die Wolfsfrau»: ... wir können alles mögliche loslassen und über längere Zeiträume hinweg ohne Komfort auskommen, aber nicht ohne Lebensfreude! Und wir können auf nahezu alles verzichten – und uns trotzdem durchschlagen –, aber nicht auf unsere Lebenslust. (...) Wenn Du die Wilde Frau in Dir heraufbeschwören willst, mußt Du Dich weigern, in Gefangenschaft zu leben. Aber wenn Deine Instinkte geschärft sind, dann tu, was Du willst, heule, so laut Du willst, tanze, wohin Du willst (...), Du bist ein energiegeladenes Wunderwerk der Natur.»[2] Estés weist eindringlich darauf hin, daß eine Frau nur stark, glücklich, kreativ, gesund und «heil» werden und bleiben kann, wenn sie zu den Wurzeln ihrer Kraft zurückfindet – zur «Wolfsfrau», zur wilden, ungezähmten Urfrau. Ich sehe diese Wurzeln ebenso in unserer ursprünglichen göttlichen Kraft, die von matriarchalen Kulturen überliefert wird. Wenn wir zu diesen Wurzeln zurückkehren wollen, müssen wir für unsere Freiheit einstehen. Estés hierzu:. «Nur wenn eine Frau die ihr anerzogene Rolle des Lieb-, Nett- und Angepaßtseins, des Gehorchens, Fügsamseins, des Sichunterordnens und Stillseins aufgibt, kann sie aufwachen und wieder ‹sehend› werden.»[3] In weiteren Ausführungen analysiert die promovierte Psychologin in rund 20 Mythen, Märchen und Geschichten aus verschiedensten Kulturkreisen die «Docking-Points», an die sich Frauen anschliessen können, um zu ihrer inneren Urkraft zurückzufinden.

> *Man vergißt immer wieder, daß der Mensch groß angelegt ist; man vergißt das immer wieder, der Mensch selbst ist sich seiner Möglichkeit zur Grösse nicht bewußt, und das ist es doch, was sein Wesen ausmacht: das Übersteigen der Grenzen seines Ich!*
>
> Luise Rinser, Wir Heimatlosen

In diesen Kontext stelle ich die Aufforderung «Break your limits!» Ohne die Bereitschaft und den festen Willen, die eigenen Grenzen täglich bewußt zu sprengen und permanent zu erweitern, wird die Frauenkraft nur immer in ihrer Schrumpfversion spürbar sein. Um dies zu verhindern, brauchen Sie große Ziele. Eine zu tief angesetzte Meßlatte läßt den Sprung aus der Kiste der Begrenztheiten nicht zu. Den Rahmen Ihrer persönlichen Möglichkeiten steckt nur ein Mensch ab: Sie selbst!

Wenn aber Frauen das Weite suchen, finden sie den Himmel ihres inneren Schatzes. Im «goldenen Käfig» läßt es sich nur als Kanarienvogel singen. Da helfen auch vergoldete Gitterstäbe, marmorne Futternäpfe und bodenbeheizte Diamant-Teppiche nichts. Es bleibt kalt, eng und lustlos. Der Verlust der eigenen Würde und Weite läßt die Sehnsucht nach sich selbst ins Unermeßliche wachsen, so lange, bis der Vogel ausfliegt oder seine Stimme endgültig versagt.

Ich treffe in meiner Praxis immer wieder auf Frauen, die sich aus einem Leben in materieller Freiheit jäh verabschieden. Sie lassen den unerwachsenen Ehemann, wunderschöne Häuser, Luxusgüter und prestigeträchtige Freunde zurück. Sie brechen aus, suchen sich eine eigene Wohnung, unternehmen nach vielen Jahren einen Wiedereinstieg in die Erwerbstätigkeit. Sie bilden sich weiter, finden neue Freunde und in der Kleinheit ihres materiellen Neulandes große, weite Schätze ihrer Seele und ihres Herzens. Solche Frauen haben gehandelt, weil sie den Verlust der eigenen Würde und Lebendigkeit nicht mehr länger hinnehmen wollten.

Power-Tips:

Heute ist mein Tag des LACHENS, indem ich mich zu folgenden Schritten verpflichte:

- *Ich suche die Gesellschaft von humorvollen Menschen und lasse mich anstecken.*

- *Ich suche bewußt nach Momenten mit viel Situationskomik und lasse mich davontragen.*

- *Ich bringe Menschen zum Lachen und freue mich darüber.*

- *Ich mache Menschen froh, indem ich gerade denjenigen zulächle, die es am nötigsten zu haben scheinen.*

- *Ich werde mich heute in der Meisterschaft der Heiterkeit üben und abends in meinem Erfolgsjournal alle gelungenen Momente niederschreiben.*

- *Ich werde heute lächeln, ganz besonders dann, wenn mich etwas aus der Ruhe bringt. Heute bringt nichts und niemand mein Lächeln aus meinem Gesicht.*

- *Ich werde kein schlechtes Gewissen haben. Während 24 Stunden stecke ich jeden Anflug eines schlechten Gewissens elegant weg. Vielmehr lächle ich mir zu, denn ich weiß: Nobody is perfect!*

Das Lachen ist eine Macht, vor der die Größten dieser Welt sich beugen müssen.

Emile Zola

Turbinen der Urkraft: Liebe, Tanz, Erotik, Gesang, Kunst, Geschichten

Wie können wir auf unserem Lebens-Weg immer wieder von neuem zu ungezähmter Kraft kommen? Der Weg liegt in uns selbst. Er führt uns in die Tiefen unserer Seele, dahin, wo unsere Ahninnen sitzen und das kollektive Wissen der Frau gespeichert ist, das Wissen der Alten, Weisen und das der Göttin in uns selbst. Kein Mann kennt diesen Weisheitsfundus, und erst verhältnismäßig wenige Frauen haben den Weg dahin gefunden. Jede Frau hat Zugang zu dieser Ebene. Wer ihn gefunden hat, wird zur unzähmbaren Lebenstänzerin, die in der Weite ihres Wissens und Fühlens nach Sternen greift, die unfaßbar hoch am Himmelszelt stehen.

In uns allen steckt die Urfrau, die in unserem Inneren eine Brücke zwischen dem Rationalen und dem Mystischen, dem unfaßbar Grenzenlosen, bildet. Diese Urfrau, die wir manchmal ganz tief spüren, erreichen wir mit Poesie, Musik, beim Tanzen, in der Liebe und Sinnlichkeit[4], ganz besonders auch in der Erotik und in der Meditation. Viele Sagen, Märchen und Geschichten lassen sie in uns erwachen und uns spüren, wie vital sie in uns schlummert. Estés hierzu: «Freilebende Wölfe und ungekünstelte Frauen haben vieles gemeinsam: die Akkuratheit ihres instinktiven Feingefühls, eine Vorliebe für alles Spielerische und eine schier unverrückbare Loyalität. Beide Gattungen sind von Natur aus beziehungsorientiert, sie schnüffeln gern neugierig herum, sie sind wißbegierig, spitzfindig, zäh, ausdauernd und seelenvoll. Was ihre Jungen, ihre Lebensgefährten und den Rest des Rudels angeht, so legen sie ein untrügliches intuitives Gespür an den Tag. Sie sind anpassungsfähig, standhaft, und in Krisensituationen beweisen beide Gattungen einen todesmutigen Heroismus.»[5]

Heide Göttner-Abendroth[6] war eine der ersten wissenschaftlich arbeitenden Matriarchatsforscherinnen, die sich ganz besonders mit den Kulten der matriarchalen Gesellschaft im spirituellen Bereich rund um die Göttin beschäftigt hat. Ergänzend zu Estés sucht sie den «Docking Point» auch in Musik, Tanz, Kunst und gemeinschaftsstiftenden Ritualen. Tanz versteht sich in diesem Zusammenhang als Bindeglied zwischen der Frau und ihrem göttlichen Ursprung, ist Ausdruck von Freude, Mittel der Magie und Versuch der Kontingenzbewältigung. Göttner-Abendroth führt den Tanz zurück in die Zeit der matriarchalen Astralreligionen, beispielsweise der Mondkulte unserer Frühgeschichte und der hochentwickelten matriarchalen Gesellschaften der Geschichte (Indus-Kultur, Sumerer, Altpersien, Altägypten, Kreta u.a.). Offenbar übertrug sich in der Weise des Tanzes die Kraft der Natur (Mondtänze) auf die Tanzenden und der Tanz ging nicht selten in Erotik über. In diesen Kulturen suchten Frauen die magische Übereinstimmung von äußerem und innerem Kosmos mit sich selbst und gaben dem Ganzen eine bestimmte Ausdrucksform, die inzwischen auch in der Kunsttheorie ihren Niederschlag gefunden hat: Tanz, Musik, Gesang, poetische Trance und «praktische Künste» entstanden nach dieser Theorie aus dem Bestreben der Frauen heraus, seelische, gesellschaftliche und naturhafte Zusammenhänge herzustellen und «ganz» heil zu bleiben.[7]

Tanzen ist Träumen – mit den Beinen!

Hedwig Mitteregger

Mit diesen rituellen Rückbindungen an unsere Urkraft gelingt es uns, auch in Streßzeiten und Phasen der Verunsicherung und des Schmerzes teilzuhaben an unserer göttlichen Antriebskraft. Mit anderen Worten: Durch Meditation, Alleinsein, künstlerisches Arbeiten, durch Tanzen, Singen, Schreiben und alles, was unser Bewußtsein erweitert und uns für Momente unsere irdische Daseinsform vergessen läßt, gelangen wir in diese kraftspendenden Zwischenwelten. Gemäß Estés ist es «Die Wissende» in uns, die den «bleichen Überresten der eigenen Wolfsnatur frische Kraft einhauchen kann.»[8]

Power-Tips:

Heute ist mein Tag der SINNLICHKEIT, indem ich mich zu folgenden Schritten verpflichte:

- **Ich lasse mich heute von meiner inneren Stimme leiten. Ich gebe ihr für 24 Stunden mehr Gewicht als meinem Intellekt. Damit das funk-**

tioniert, stelle ich meiner Intuition einen Blanko-Vertrauensschein aus und lasse mich einfach überraschen.

- *Ich lebe volle Spontaneität! Was mir heute an Ideen und verrückten Gedanken in den Sinn kommt, werde ich einfach umsetzen!*

- *Ich entdecke meine Welt heute über Gerüche und Töne. Ich stelle mir vor, meine Tageserlebnisse über diese Sinneswahrnehmungen zu beschreiben und notiere sie mir in mein Erfolgsjournal.*

- *Ich spiele ein Spiel, das mir Spaß macht!*

- *Ich schenke und lasse mich beschenken mit Zärtlichkeit in allen Formen und Farben, die mir gefallen!*

- *Ich lasse mich kulinarisch verwöhnen! Ich esse dabei halb so schnell und entdecke sämtliche Gewürze und Raffinessen meiner Mahlzeit mit meinem Geschmacks- und Geruchssinn.*

> *Keiner ist so verrückt, daß er nicht einen noch Verrückteren findet, der ihn versteht!*
>
> Friedrich Nietzsche

Freiheit und Dazugehörigkeit

Freiheit gilt gemeinhin als höchstes Gut des Menschen. Es braucht viel, um Freiheit – im Rahmen unserer irdischen Möglichkeiten – zu erlangen. Noch viel mehr aber braucht es offenbar, um sie auszuhalten. In zahlreichen Ideologien, Mythen und Märchen, aber auch anbetrachts unserer zivilisatorischen Entwicklungen, wird deutlich, das sich der Mensch nach Zugehörigkeit sehnt. Der Antagonismus von Sehnsucht nach Freiheit und tiefem Bedürfnis nach Dazugehörigkeit läßt sich dann auflösen, wenn Dazugehörigkeit nicht als Abhängigkeit verstanden wird. In diesem Sinne beginnt vollumfängliche Selbstverantwortung und Urheberinnentum mit einem klaren Commitment pro oder contra Freiheit und vollzieht sich in der Beharrlichkeit, den eingeschlagenen Weg – solange er als der richtige erkannt bleibt – kontinuierlich und stark weiterzugehen. Wir müssen den Umgang mit viel Freiheit Schritt für Schritt lernen. Wenn wir unsere Angst davor nicht besiegen, treten wir an Ort und Stelle: «(Der Mensch, Anm. d. Autorin) ist dann so, wie Diogenes seine Mitbürger sah: verzweifelt im Endlichen aufgrund des Fehlens jedes Gedankens an eine unendliche ewige Bestimmung und Würde des eigenen Lebens, und bis ins Aussichtslose identifiziert mit Dingen, die er selbst nicht ist.»[9] Entdecken Sie die Tiefe Ihrer Seele und Bedürfnisse, und lassen Sie sich von sich selbst nie erschrecken!

Das Schönste, was wir entdecken können, ist das Geheimnisvolle.

Albert Einstein

Liebe als Grenz-Sprengerin

«Nichts, wenn wir die Art unseres Zusammenlebens betrachten, scheint uns soviel Angst zu machen wie die Liebe. Sie macht uns verletzbar, sie macht uns enttäuschbar, sie zeigt uns schwach, bedürftig, in gewissem Sinne abhängig und nackt. Und dennoch … Auf den starken Schwingen des Gefühls trägt sie uns über Berge und Meere in ein jenseitiges Land voller Zauber und Träume. Sie lehrt uns, die Welt als verborgenes Kraftfeld der Sehnsucht zu entdecken, voller magischer Wege, verwunschener Schlösser, geheimnisvoller Landschaften. Sie macht aus der Seele des anderen ein Zauberreich voller Symbole und Verweisungen, und jedes seiner Wörter, das wir richtig verstehen, ist wie ein Wegweiser, ein Terrain zu betreten, das uns völlig unentdeckt und geheimnisvoll zu Füßen liegt. Die Liebe lehrt uns, die Zeit in einen heiligen Rhythmus von Erwartung und Erfüllung einzuteilen. Sie macht uns zu Teilhabern der verschwiegenen Poesie der Welt.»[10]

Die Liebe als solches läßt sich nicht in Worte fassen. Die Wirkung jeder Liebe, die wir in uns spüren, trägt uns über jede scheinbare Unmöglichkeit weit hinaus. Die Liebe verhilft uns zum Sprung aus der Kiste des Verzagens und Sich-Kleinfühlens. Die Liebe ist – nebst der Angst – eines der stärksten emotionalen Sprungbretter über die Begrenzungen unseres Seins hinaus, deshalb gehört sie zu unseren Erfolgsstrategien. Doch Vorsicht: Seien sie ganz wach, wen oder was Sie lieben!

Wenn Sie die Liebe überfällt, dann genießen Sie! Kosten Sie diese einmalige, euphorische Stimmung in vollen Zügen aus, und nutzen Sie sie für viele verrückte, unbescheidene, mutige und grenzsprengende Aktionen. Wenn Sie sich auf dem Wellenberg des hormonellen Glückgefühls befinden, so springen Sie kopfüber in die verlockenden Fluten. Sie werden nur gewinnen können.

Seien Sie wachsam, aber furchtlos, wenn Sie die Urkraft der Liebe in ihren Bann zieht. Lassen Sie sich nicht zurückhalten, wenn Vernunft, Angst, Stolz, Vorsicht und schmerzhafte Erfahrungen warnend den Finger erheben, sondern gehen Sie los!

Was es ist

Es ist Unsinn, sagt die Vernunft.
Es ist, was es ist, sagt die Liebe.

Es ist Unglück, sagt die Berechnung.
Es ist nichts als Schmerz, sagt die Angst.
Es ist aussichtslos, sagt die Einsicht.

Es ist, was es ist, sagt die Liebe.

Es ist lächerlich, sagt der Stolz.
Es ist leichtsinnig, sagt die Vorsicht.
Es ist unmöglich, sagt die Erfahrung.

Es ist, was es ist, sagt die Liebe.»

Erich Fried

Power-Tips:

Heute ist mein Tag der STILLE, indem ich mich zu folgenden Schritten verpflichte:

- *Ich nehme mir mindestens eine Stunde Schweigezeit und spüre, wie wohl es tut, nicht sprechen zu müssen.*

- *Ich suche einen Ort der Stille auf, um über folgende Zitate nachzudenken:*

  «Damit die Magie von uns Besitz ergreifen kann, brauchen wir nichts anderes zu tun, als die Zweifel aus unserem Denken zu verbannen. Sind die Zweifel beseitigt, ist alles möglich.» (Die Kraft der Stille, Carlos Castaneda)

  «Es ist nicht Egoismus, das zu tun, was man für richtig erachtet. Egoismus ist, von anderen zu verlangen, daß sie das tun, was man für sich als richtig erachtet.» (Zeiten des Glücks, Antony de Mello)

- *Die ½+2+3-Formel: Ich spreche halb so viel wie sonst, höre doppelt so genau hin, was andere sagen und fühle dreimal so intensiv, wie das Gehörte auf mich wirkt.*

- *Ich suche mir einen Ort in der Nähe meines Wohnortes, an dem ich jederzeit regenerieren und allein sein kann.*

---

*Um in der Liebe glücklich zu werden, braucht man nicht blind zu sein.
Es genügt, wenn man von Zeit zu Zeit die Augen schließt.*

Francis Malcom

Anmerkungen:

1 Estés, *Die Wolfsfrau,* ebenda, 23.

2 Estés, ebenda 32 ff.

Besonders hinweisen möchte ich auf die treffende Veranschaulichung der «naiven Frau als Opfer», S. 50 ff., wo Estés schreibt: « (…) Nicht wenige Frauen haben die Blaubart-Geschichte am eigenen Leibe erfahren. Sie heiraten, ohne jemals in die Listen des Räubers eingeweiht worden zu sein, und suchen sich einen Partner, der sie zuerst manipuliert, dann beherrscht und schliesslich körperlich und seelisch attakkert. Selbstverständlich betrachten sie es dann als ihre heilige Pflicht, diesen armen, kranken Mann durch ihre Liebe von seinen Neurosen und Wahnideen zu heilen und verbringen (…) viel Zeit damit, sich einzureden, daß sein unheimlicher blauer Bart bei günstigen Lichtverhältnissen beinahe elegant wirkt.» Estés rät diesen Frauen den «psychischen Schlüssel» zu suchen, der die Tür zum Gruselkabinett öffnet und zu sehen, was Sache ist.

3 Estés, ebenda, Einleitung.

4 Estés, ebenda, 32–35.

5 Estés, ebenda, 16.

6 Göttner-Abendroth, Heide, *Die tanzende Göttin. Prinzipien einer matriarchalen Aesthetik,* München, 1984.

Göttner-Abendroth, Heide, *Die Göttin und ihr Heros. Die matriarchalen Religionen in Mythos, Märchen und Dichtung,* München, 1984.

7 Göttner-Abendroth, Heide, ebenda, 11–20.

8 Estés, ebenda, 35.

9 Drewermann, Eugen, *Zeiten der Liebe,* Herder, 1992, 28 ff.

10 Drewermann, Eugen, ebenda, 17.

18.
Return: Dranbleiben, durchhalten – und genießen!

Es ist entscheidend, daß Sie die Arbeit an Ihrer Erfolgsstrategie täglich leisten. Das Erfolgsgeheimnis liegt allein in der täglichen Wiederholung. Wenn Sie kontinuierlich die Kapitel mit den Power-Points durcharbeiten, werden Sie spüren, wie Sie von Tag zu Tag mehr über Ihren eigenen Schatten springen, Neues entdecken und Selbstblockaden mit höchster Eleganz aufheben. Vielleicht entdecken Sie schon in den ersten Tagen wundervolles Neuland, vielleicht dauert es auch etwas länger. So wie es ist, so soll es sein – Ihre Durchbrüche und Quantensprünge zur erfolgreichen Gewinnerin erfolgen in der richtigen Kadenz, zum richtigen Zeitpunkt und in Relation zu Ihrem persönlichen Einsatz. Je mehr Energie, Engagement und Zeit Sie regelmäßig in Ihre Selbstentwicklung investieren, desto mehr Erfolg stellt sich ein. Durchbrechen Sie alle Grenzen nach Harriet Rubin's Motto: «Bereichern Sie Ihr Leben, Ihre Umgebung, Ihren Geist. Grenzen sperren andere aus, aber sie tun auch noch etwas anderes: Sie sperren Sie ein.»[1] Halten Sie sich stets vor Augen, wieviel Sie bisher bereits erreicht haben, und respektieren Sie sich dafür.

> *Remember, Ginger Rogers did everything Fred Astaire did. But she did it backwards and in high heels.*
>
> Faith Whittlesey[2]

Regeln Ihres Self-Coachings

«Genius ist nichts anderes als fortgesetzte Aufmerksamkeit»

Regel 1: Arbeiten Sie täglich mit den Gedanken in diesem Buch, und arbeiten Sie aktiv mit den Power-Tips.

Zu wissen, was in diesem Buch steht, genügt nicht. Ihr Training besteht in der täglichen Umsetzung eines Training-Kapitels. Erfolg stellt sich dann ein, wenn Sie in der Lage sind, zur Meisterschaft in der Umsetzung des Erkannten zu gelangen.

Regel 2: Arbeiten Sie an Ihren Erfolgsstrategien mit höchster Disziplin und geben Sie ihnen jederzeit Priorität.

Tausend Dinge werden Ihnen täglich im Wege stehen, und genauso viele Ausreden werden sich anbieten, weshalb Sie ein Training-Kapitel nicht erfüllt haben. Als Urheberin Ihres Lebens werden Sie deshalb Ihre Prioritäten selbst bestimmen und sich daran orientieren, daß Sie und Ihre persönliche Entwicklung die wichtigste Grundlage für Ihren Erfolg sind. Wenn Sie alle Kapitel in diesem Buch durchgearbeitet haben, so beginnen Sie wieder von vorn, solange, bis Sie Ihre Ziele verinnerlicht haben.

Regel 3: Geben Sie Ihre Erkenntnisse weiter!

Sie verstärken Ihr Training und Ihre Fortschritte in dem Maß, wie Sie Ihr Wissen in Form von Taten weiterschenken. Je mehr Sie geben, desto mehr erhalten Sie zurück in Form von Dankbarkeit, Anerkennung, Ermutigung, Lob, Respekt, Freundschaft und Liebe. Es ist das Gesetz von Geben und Nehmen.

Regel 4: Arbeiten Sie täglich mit Ihrem Erfolgsjournal!

Sie anerkennen sich damit für jeden Erfolgsschritt und coachen sich selbst durch Zeiten des Zweifelns und Veränderns.

Regel 5: Machen Sie! «Geben Sie nie, nie, nie, nie auf!»

So begann und beendete Winston Churchill einen Vortrag, den er 93jährig an einer Universität hielt. Die Quintessenz der Erfolgsstrategie: Machen und niemals aufgeben! Wer nichts tut, hat verloren. Wer aufgibt, hat verloren. Wenn Sie gerade gegen eine Betonwand geprallt sind, so haben Sie etwas dazugelernt. Üben Sie sich in der Erhöhung Ihrer Frustrationstoleranz und setzen Sie Ihre Meßlatte täglich höher. Sie können nur durch Tun und Durchhalten gewinnen.

Gewinnerinnen kennen den vielzitierten Satz «Besser nicht perfekt begonnen, als perfekt gezögert!»[3] Leben Sie diese Haltung vor, geben Sie sie an Ihre Mitarbeitenden weiter, implementieren Sie ein Stück Unternehmerinnen-Kultur, in welchem umgesetzt, gemacht, gepatzt und gelebt wird. Und coachen Sie Ihre Leute dahingehend, nie, nie, nie, niemals aufzugeben!

Regel 6: Bilden Sie sich permanent weiter!

Um zu wachsen, brauchen wir einen stabilen Nährboden, Licht und Nahrung. Diese Nahrung kann nicht wertvoll genug sein: Holen Sie sich regelmäßig Impulse, Erkenntnisse in Seminaren, lesen Sie Bücher, informieren Sie sich, treffen Sie QuerdenkerInnen, GewinnerInnen, Menschen mit Format, Ecken und Kanten, MacherInnen und Koriphäen. Lernen Sie jeden Tag ein weiteres Kapitel Weisheit und gestatten Sie sich keinen Moment des Stillstands. Wer stillsteht, geht rückwärts.

Regel 7: Feiern und genießen Sie Ihre Erfolge!

Belohnen Sie sich für Ihre Erfolgsschritte, feiern Sie sie mit sich und mit ausgesuchten Menschen. Lassen Sie andere an Ihrer Power partizipieren.

Regel 8: Haben Sie Spaß am Experimentierlabor «Erfolg»!

Experimentieren Sie mit Ihren Erfolgsstrategien, überwachen Sie die Entwicklung von Ergebnissen, analysieren Sie kritisch die Gesetze von Ursache und Wirkung, gehen Sie stets aufs Ganze und immer wieder neue Wege! Es gibt nichts Demütigenderes, als sein Leben in dumpfer Routine, in Saturiertheit und im Gleichschlag eines langweiligen Ruderbootes zu vertun. Finden Sie immer wieder neue Möglichkeiten, mit Spaß, viel Neugier und Lust auf die Bühne Ihres Lebens zu steigen und neue Rollen, Möglichkeiten, Talente und MitspielerInnen kennen- und liebenzulernen!

Anmerkungen:

[1] Rubin, Harriet, *Machiavelli für Frauen. Strategie und Taktik im Kampf der Geschlechter*, Krüger, Frankfurt am Main, 1998, 126.

[2] Zit. aus: Wilson Schaefer, ebenda, 2. Mai 1990.

[3] Schäfer, Bodo, *Die Gesetze der Gewinner,* Schäfer, Köln, 1998, 168.

Nachwort

Sie haben sich Zeit genommen, durch dieses Buch hindurchzugehen und sehr viel für sich und Ihren Erfolg zu unternehmen. Dazu gratuliere ich Ihnen! Es ist mein Ziel, Ihnen mit diesen Erfolgsstrategien dazu zu verhelfen, noch lustvoller, energievoller und verträumter zur Gewinnerin in Ihrem Leben zu werden und damit einen weiteren gewaltigen Schritt in eine Zukunft zu tun, die für uns alle powervoll und glücklich sein wird. Die Summe der Ereignisse, Begegnungen und Abschiede meines Lebens bis heute haben mir ermöglicht, dieses Buch zu schreiben. Dafür bin ich dankbar.

Das nächste Millennium trägt uns in Sphären, denen wir allein mit höchster Selbstverantwortung, Liebe, Visionskraft, Entschiedenheit und einem konsequenten Wert-Management gewachsen sind. Dazu braucht es kraftvolle, visionsstarke und selbständige Frauen, die als «Traumfängerinnen» und unorthodoxe Geistesartistinnen unterwegs sind und dieser Welt Wärme, Werte, Ethik und die Macht der Veranwortung schenken.

Geben Sie weiter, was Sie als wichtigste Essenzen für sich erkannt haben, teilen sie Ihre Erkenntnisse und Erfahrungen aus den Power-Tips anderen Menschen mit, und gehen Sie immer weiter!

Bauen wir unsere Strategien der Unbescheidenheit aus, um neue Gipfel zu erklimmen, unsere persönlichen Aufbrüche zu vollziehen und zu wachsen, und schließlich, um selbst möglichst wenig zu leiden und als weiser, zutiefst weiblicher Ikarus über unsere Grenzen hinauszuwachsen. Durchbrechen wir lustvoll all die Wolken, die uns die Sicht auf unsere Träume, unser Können, unser Potential verdecken. Der Weg zu sich selbst ist manchmal weit. Er lohnt sich.

Ich wünsche Ihnen von Herzen eine grosse Portion Unbescheidenheit und viele Aufbruch-Strategien in Ihre Zukunft, Liebe ohne blaue Flecken auf der Seele, Erfolg ohne Schrammen an den Ellbogen und einen Geist, der alle Horizonte beflügelt durchbricht, so daß Sie – Wie Opra Winfrey – von sich sagen können: «Die Zukunft scheint mir so hell in die Augen, als wollte sie mich blenden.»

Die Themen des Buches werden von Frau Dr. Sonja A. Buholzer Meier in Workshops und Seminaren vorgestellt. Zur Kontaktaufnahme beachten Sie bitte die Adresse auf Seite 4.

Ausgewählte Literatur

Aburden, Patricia/Naisbitt, John, *Megatrends For Women. Women Are Changing The World*, Century, London/Sydney/Auckland/Johannesburg, 1993.

Albach, Horst (Hrsg.), *Werte und Unternehmensziele im Wandel der Zeit*, Wiesbaden, 1994.

Allman, William, *Mammutjäger in der Metro. Wie das Erbe der Evolution unser Denken und Verhalten prägt*, aus dem Engl. v. Gerald Bosch, Spektrum, Heidelberg/Berlin/Oxford, 1996.

Amacher, Corinne, Jung, frech, frei – einfach anders, in: *Bilanz, Das Schweizer Wirtschaftsmagazin*, Mai 1999, 156–164.

Anderson, John R., *The Architecture of Cognition*, Harvard University Press, Cambridge, 1983.

Baars, Bernard J., *Das Schauspiel des Denkens, Neuro-wissenschaftliche Erkundungen*, Klett-Cotta, Stuttgart, 1998.

Baars, Bernard J., *The Science of the Mind: The 21st Century*, MIT Press, Cambridge MA.

Barnevik, P., *The Logic of Global Business*, in: Harvard Business Review, March/April, 1991.

Barnhart, Tod, *Die fünf Schritte zum Reichtum*, Econ, Düsseldorf, 1996.

Bayer, Hermann, *Coaching-Kompetenz: Persönlichkeit und Führungspsychologie*, München, 1995.

Becher, Jörg, *Das schnelle Geld. Martin Ebners Weg zur Macht*, Zürich, Bilanz/ABC, 1996.

Becker, Bovenschen, Brackert e.a., *Aus der Zeit der Verzweiflung, Zur Genese und Aktualität des Hexenbildes*, Suhrkamp, Frankfurt am Main, 1988.

Becker, R., *Das interaktive Unternehmen. Spitzenleistungen durch menschengerechtes Management*, Wiesbaden, 1997.

Benton, D.A., *Secrets of a Ceo Coach, Your Personal Training Guide to thinking like a leader and acting like a Ceo*, McGraw-Hill, 1999.

Berckhan, Barbara. *Die etwas gelassenere Art, sich durchzusetzen. Ein Selbstbehauptungstraining für Frauen*. Kösel, München, 1995.

Blattmann, Lynn/Meier, Irène (Hrsg.), *Männerbund und Bundesstaat. Über die politische Kultur der Schweiz*, Orell Füssli, Zürich, 1998.

Böschemeyer, Uwe, *Und jetzt bin ich wieder allein. Hoffnungen und Chancen nach der Trennung*, Quell, Stuttgart, 1998.

Boyatzis, Richard, *The Competent Manager: A Model for Effective Performance*, New York, 1982.

Buholzer, Sonja A., *Studien zur Gottes- und Seelenkonzeption im Werk der Mechthild von Magdeburg*, (Diss.), Lang, Europäische Hochschulschriftenreihe, Reihe 20/Philosophie, Bern/Frankfurt/New York/Paris, 1988.

Buholzer, Sonja A., *Aufbruch. Profilierte Frauen in Wirtschaft, Wissenschaft und Kultur*, Orell Füssli, Reihe Report aktuell, Zürich/Wiesbaden, 1990.

Buholzer Meier, Sonja A., *Der grosse Unterschied, Spielregeln für die Zusammenarbeit von Frauen und Männern*, in Alpha, Der Kadermarkt der Schweiz, Eine Publikation der Verlage Tages Anzeiger und SonntagsZeitung, 31. Oktober/1. November 1998.

Buholzer Meier, Sonja A., *Erfolg haben macht Spass,* in Alpha, Der Kadermarkt der Schweiz, Eine Publikation der Verlage Tages Anzeiger und SonntagsZeitung, 12./13. Juni 1999.

Buholzer Meier, Sonja A., *Leadership ist weiblich und männlich*, in: PSP Porträts Schweizer Personaldienstleistungsunternehmen, BILANZ, Weltwoche-ABC-Verlag, 1998.

Buholzer, Sonja A., *Bloss keine Gleichmacherei. Zur besseren Kooperation zwischen Frauen und Männern im Betrieb*, in: PersonalführungPlus 1997.

Buholzer, Sonja A., *Lust auf neue Unternehmenskulturen*, in: Organisator, 1995.

Buholzer, Sonja A., *Radikaler Ausbruch,* Kommentar zum Artikel von Yvonne-Denise Köchli: Die Frauen haben total verloren in: Weltwoche, Nr. 17/24. April 1997.

Buholzer, Sonja A., *Emotional Communication. Kommunikation im Zeitalter der Daten-Highways*, in: Beschaffungsmanagement, 3/1997.

Buholzer, Sonja A., *Persönliches Energiemanagement als strategischer Erfolgsfaktor im Unternehmen*, in: REVUE de l'acheteur 6/7/96.

Callahan-Levy, Charlene M./Lawrence A. Messe, *Sex Differences in the Allocation of Pay,* in: *Journal of Personality and Social Psychology 37*, 1979.

Castaneda, Carlos, *Die Kraft der Stille*, Fischer Taschenbuch, 1992.

Capra, Fritjof, *Lebensnetz. Ein neues Verständnis der lebendigen Welt.* Scherz, Bern/München/ Wien, 1996.

Capra, Fritjof, *The Tao of Physics*, Boston, 1975.

Champy, James, *Reengineering im Management. Die Radikalkur für die Unternehmensführung. Die neuen Rollen der Leitenden*, Heyne, Campus, München, 1995.

Clasen, George S., *Der reichste Mann von Babylon. Die Erfolgsgeheimnisse der Antike*, Conzett, Zürich, 1998.

Cohen, Sherry S., *Sanfte Macht. Der neue weibliche Weg*, Kabel, Hamburg, 1990.

Covey, Stephen R., *Die effektive Führungspersönlichkeit. Management by principles*, Campus, 1993.

Covey, Stephen R., *Principle-Centered Leadership, Audio Learning System*, Provo, 1992.

Covey, Stephen R., *The 7 Habits of Effective People, Audio Learning System*, Provo, 1990.

Chomsky, N., *Sprache und Geist*, Frankfurt/M, 1970.

Chomsky, N., *Aspekte der Syntax-Theorie*, Frankfurt/M, 1969.

Chopra, Deopak, *Die sieben geistigen Gesetze des Erfolgs*, Heyne, München, 1996.

Csikszontmihalyi, Mihaly, *Flow: The Psychology of Optimal Experience*, Harper and Row, New York, 1990.

Csikszontmihalyi, Mihaly, *Lebe gut! Wie Sie das Beste aus Ihrem Leben machen*, Klett-Cotta, o.A.

Cooper, Robert K./Sawaf, Ayman, *EQ – Emotionale Intelligenz für Manager*, München, 1997.

Dennet, Daniel C., *Philosophie des menschlichen Bewusstseins*, Hoffmann und Campe, Hamburg, 1994.

Dowling, Colette, *Perfekte Frauen. Die Flucht in die Selbstdarstellung*, Fischer, Frankfurt am Main, 1989.

Doppler, Klaus/Lauterburg, Christoph, *Change Management. Den Unternehmenswandel gestalten*, Campus, Frankfurt/New York, 1994.

Douwe, Draaisma, *Die Metaphern-Maschine. Eine Geschichte des Gedächtnisses*, Darmstadt, Primus, 1999.

Drewermann, Eugen, *Zeiten der Liebe*, Herder/Spektrum, Freiburg, 1992, 18–20.

Erhardt, Ute, *Und jeden Tag ein bisschen böser*, Krüger, Frankfurt am Main, 1996.

Estés, Clarissa Pinkola, *Die Wolfsfrau. Die Kraft der weiblichen Urinstinkte*, Heyne, München, 1996.

Fellner, Uschi, *Die Geheimnisse der Klasse-Frauen. Was erfolgreiche Frauen von anderen unterscheidet*, Goldmann, München, 1996.

Frankl, Viktor E., *Der Mensch vor der Frage nach dem Sinn*, München, 1989.

Frauenbriefe der Romantik. Hrgs. V. Katja Behrens. Insel, Frankfurt am Main, 1982.

Gibson, Ron, *Gespräche mit Gott.*

Göttner-Abendroth, Heide, *Die tanzende Göttin. Prinzipien einer matriarchalen Ästhetik*, München, 1984.

Göttner-Abendroth, Heide, *Die Göttin und ihr Heros. Die matriarchalen Religionen in Mythos, Märchen und Dichtung*, München, 1984.

Goleman, Daniel, EQ statt IQ – Emotionale Kompetenz im Management, in: *GDI-Impuls 1/*1996.

Goleman, Daniel, *EQ. Emotionale Intelligenz*, München/Wien, 1996.

Goleman, Daniel, *Der Erfolgsquotient*, Hanser, München/Wien, 1999.

Gomez, Peter, *Wertmanagement. Vernetzte Strategien für Unternehmen im Wandel*, Econ, Düsseldorf/Wien/New York/Moskau, 1993.

Guntern, Gottlieb, *Im Zeichen des Schmetterlings. Vom Powerplay zum sanften Spiel der Kräfte. Leadership in der Metamorphose*, Scherz, Bern/München/Wien, 1992.

Gray, John, *Männer sind anders. Frauen auch*, Goldmann, München 1992.

Gray, John, *Mars, Venus & Partnerschaft*, Goldmann, München 1996.

Gray, John, *Auseinander geliebt. Wie Paare ihrer Beziehung neue Energie geben können*, Goldmann, München, 1998.

Gysling, Andrea, *Der grenzenlose Mann. Über wahre und fragwürdige Männlichkeit*, Kreuz, Zürich, 1993, 14–17.

Haas, Alois M., et alii, *Lerne leiden. Leidensbewältigung in der deutschen Mystik*, Herrenalber Texte 67, Karlsruhe 1985.

Hasler, Eveline, *Die Wachsflügelfrau. Geschichte der Emily Kempin-Spyri*, Nagel & Kimche, Zürich/Frauenfeld, 1991.

Haumer, Hans, *Die neuen Macher. Aufforderung zu einem Management für Menschen*, Orac, Wien,1990.

Hirszowicz, Christine, *Switzerland and the Swiss*, Publikation der Schweizerischen Volksbank, 1987.

Hirszowicz, Christine, *Nachwuchspotential identifizieren,* Interview in: *Schweizer Bank*, Nr. 1, Zürich, 1999.

Höhler, Gertrud, *Herzschlag für Sieger. Die EQ-Revolution*, Econ, Düsseldorf/München, 1997.

Höhler, Gertrud, *Spielregeln für Sieger*. Econ, Düsseldorf/München/New York/Moskau, 1993.

Höhler, Gertrud, *Das Glück – Analyse einer Sehnsucht*, Düsseldorf/Wien/New York, 1986.

Höhler, Gertrud, *Offener Horizont. Junge Strategien verändern die Welt*, Econ, Düsseldorf/Wien/New York, 1988.

Höller, Jürgen, *Sprenge Deine Grenzen. Mit Motivationstraining zum Erfolg*, Econ, München/Düsseldorf, 1998.

Höller, Jürgen, *Alles ist möglich. Strategien zum Erfolg*, Econ, Düsseldorf/München, 1998.

Höller, Jürgen, *Mit System zum Spitzenerfolg*, Düsseldorf, 1994.

Iacocca, Lee, *Iacocca, Eine amerikanische Karriere*, Econ, Düsseldorf, 1995.

Ickes, William/Graham, Tiffany, «When Women's Intuition isn't greater than Men's», in: Ickes, William (Hrsg.), *Empathic Accuracy*, Guilford, New York, 1997.

Imhasli, Marfurt, Portmann, *Konzepte der Linguistik*, Athenaion, Reihe Studienbücher zur Linguistik und Literaturwissenschaft, Nr. 9, Wiesbaden, 1979.

Inglehart, Ronald, *The Silent Revolution. Changing Values and Political Styles Among Western Publics*, Princeton, 1977.

Johnson, Mike, *Perspektiven. Das Management der Zukunft*, Econ, Düsseldorf, 1996.

Johnson, Roy, *Der Schlüssel zum EQ. Ein Symbolspiel, das in jeder Lebenssituation kreative Lösungen möglich macht*, München, 1997.

Kaplan, Robert E., *Beyond Ambition: How Driven Managers Can Lead Better and Live Better*, Jossey-Bass, San Francisco, 1991.

Kelley, Robert E., *How to Be a Star at Work*, Times, 1998.

Khalil, Gibran, *Der Prophet*, Walter, Zürich/Düsseldorf, 1998.

Karmasin, Matthias, *Ethik als Gewinn: zur ethischen Rekonstruktion der Ökonomie; Konzepte und Perspektiven von Wirtschaftsethik, Unternehmensethik, Führungsethik*, Wien, 1996.

Kirsch, Guy, *Jenseits von Markt und Macht. Eine Ordnung für den Menschen*, Nomos, Baden-Baden, 1982.

Kirsch, Guy, *Das freie Individuum und der dividierte Mensch*, Nomos, Baden-Baden, 1990.

Kirsch, Guy, *Neue Politische Oekonomie*, WISU, Düsseldorf, 1997.

Konrad, Stefan/Hendl, Claudia, *Stark durch Gefühle. Lebenserfolg durch emotionale Intelligenz*, Augsburg, 1997.

Koslowski, P., *Prinzipien der Ethischen Ökonomie. Grundlegung der Wirtschaftsethik und der auf die Ökonomie bezogene Ethik*, Tübingen, 1994.

Kotter, John, *Abschied vom Erbsenzählen – Leadership: A Force for Change*, Düsseldorf/Wien/New York, 1991.

Kotter, John, *What Leaders Really Do*, in: *Harvard Business Review*, Mai/Juni 1990.

Kurtzig, Sandra L., *Die Chefin. Wie ich ein 400-Millionen-Dollar-Unternehmen aufbaute*, Campus, Frankfurt/New York, 1992.

Lee Whorf, Benjamin, *Sprache-Denken-Wirklichkeit. Beiträge zur Metalinguistik und Sprachphilosophie*, Hrsg. u. übers. V. Peter Krausser, rowohlt, Hamburg, 1985.

MacIntyre, A., *Der Verlust der Tugend. Zur moralischen Krise der Gegenwart*, Frankfurt a.M./New York, 1987.

Malik, Fredmund, *Vertrauen als Basis der Unternehmenskultur*, in: *St. Galler Management Bätter* 1995.

Manager's Digest, *Moderne Management-Begriffe kurz erläutert*, Handelszeitung/Universität Zürich, o. A.

Merkel, Inge, *Eine ganz gewöhnliche Ehe. Odysseus und Penelope*, Fischer, Frankfurt am Main, 1996.

Milwid, Beth, *Allein unter Männern. Beruflich engagierte Frauen sprechen über Macht, Sexualität und Moral*, Econ, Düsseldorf/Wien/New York/Moskau, 1993.

Morris Desmond, *Das Tier Mensch*, Heyne, München, 1996.

Myles, Rosalind, *Weltgeschichte der Frau*, Econ, Düsseldorf, Wien, New York, 1990.

Nilsen, Dianne/Campbell, David P., *Self-observer Rating Discrepancies: Once an Overrater, Always an Overrater?*, in: *Human Resource Manager*, Sommer/Herbst, 1993.

Nuber, Ursula, *10 Gebote für starke Frauen*, Scherz, Bern/München/Wien, 1999.

Osterloh, Margrit/Frost, Jetta, *Prozessmanagement als Kernkompetenz. Wie Sie Business Reengineering strategisch nutzen können*, SGO, 2. aktualisierte u. erw. Auflage, Wiesbaden, 1998.

Osterloh, Margrit et alii, *Managing Motivation?*, Diskussionsbeitrag Nr. 33, Institut für betriebswirtschaftliche Forschung, Zürich, 1997.

Osterloh, Margit/Wübker, Sigrid, *Prospektive Gleichstellung durch Business Reengineering*, in: *Die Gleichstellung von Frauen und Männern als Herausforderung der Personalpolitik in Wirtschaft und Verwaltung*, hrsg. von Krell, Gertrud, 1998, 233–246.

Osterloh, Margit/Wübker, Sigrid, «Erfolg und Gleichstellung ‹gehen Hand›», in: *Context 1998, Nr. 12* (Festschrift zum 125-Jahr-Jubiläum des Schweizerischen Kaufmännischen Verbandes), Zürich, 1998, 58–61.

Osterloh, Margit/Frost, Jetta, *Vom Business Reegineering zur Prozessorganisation,* in: Dahlheimer: *Change Management auf Biegen und Brechen?*, Wiesbaden, 1998, 21–37.

Ovid, *Metamorphosen*, Artemis, Zürich, 1989.

Pätzoldt, Björn, *Motivationsfaktor Mut: ein Beitrag zur Unternehmenskultur und Führungsethik der Zukunft*, Hamburg, 1988.

Peppers, Tom/Rogers, Martha, *The One-to-One Future: Building Relationships One Customers at a Time*, New York, 1993.

Peters, Tom, *Jenseits der Hierarchien*, Düsseldorf, 1993.

Peters, Tom, *Kreatives Chaos*, Hamburg, 1988.

Peters, Tom, *Das Tom Peters Seminar. Management in chaotischen Zeiten*, Campus, Frankfurt/New York, 1995.

Pieth, Reto, Vancoucer: *Cherchez la patronne!,* in: *Cash* Nr. 11, Zürich, 1999.

Piper, A./Thurnherr, U., *Angewandte Ethik*, Beck, München, 1998.

Pirsig, Robert M., *Lila: An Enquiry Into Morals*, New York, 1991.

Popcorn, Faith, *Clicking. Der neue Popcorn Report. Trends für unsere Zukunft*, Heyne, München, 1996.

Pusch, Luise, *Das Deutsche als Männersprache*, Suhrkamp, Frankfurt am Main, 1984.

Rinser, Luise, *Wir Heimatlosen 1989-1992*, Fischer, Frankfurt am Main, 1992.

Robbins, Anthony, *Das Robbins Power-Prinzip*, München, 1995.

Roddick, Anita/Miller, Russell, *Body and Soul*, Düsseldorf, 1991.

Rothman, Ruth, *Sei ein Biest! Das kompromisslose Karrierebuch für Frauen*, Ullstein, Frankfurt am Main/Berlin, 1996.

Rubin, Harriet, *Machiavelli für Frauen. Strategie und Taktik im Kampf der Geschlechter,* Krüger, New York 1997.

Russel, Bertrand, *Macht*, Europa, München, 1973.

Russel, Peter, *Die erwachende Erde. Unser nächster Evolutionssprung*, Heyne, München, 1991.

Sartorius, Mariela, *Der weibliche EQ. Wie Frauen ihre emotionale Intelligenz nutzen können*, Düsseldorf, 1997.

Schabert, Tilo (Hrsg.), *Die Macht des Wortes*, München, 1996.

Schäfer, Bodo, *Die Gesetze der Gewinner*, Schäfer, Köln, 1998.

Schäfer, Bodo, *Der Weg zur finanziellen Freiheit. In sieben Jahren die erste Million*, Campus, Frankfurt/New York, 1998.

Schlieben, Lange, Brigitte, *Soziolinguistik. Eine Einführung*, Urban/Kohlhammer, Berlin, Köln, Mainz, 1978.

Senge, P., *The Fifth Discipline – The Art and Practice of the Learning Organization*, New York, 1990.

Schuppert, Dana von/Lukas, Andrea, *Lust auf Leistung. Die neue Legitimation in der Führung*, Wiesbaden, 1993.

Schuppert, Dana (Hrsg.), *Kompetenz zur Führung: was Führungspersönlichkeiten auszeichnet*, Wiesbaden 1993.

Segermann-Peck, Lily M., *Frauen fördern Frauen. Netzwerke und Mentorinnen. Ein Leitfaden für den Weg nach oben*, Campus, Frankfurt am Main/New York, 1995.

Senge, Peter M., *Die fünfte Disziplin. Kunst und Praxis der lernenden Organisation*, Stuttgart, 1996.

Stechert, Kathryn, *Frauen setzen sich durch. Leitfaden für den Berufsalltag mit Männern*, Campus, Frankfurt/New York, 1994.

Stratford, Sherman, «Leaders Learn to Hear the Voice Within», in: *Fortune*, 24. August 1994.

The Economist, Science and Technology. «Shameful. Women really do have to be at least twice as good as men to succeed», Washington, 24. Mai 1997.

Trömel-Plötz, Senta, *Frauensprache – Sprache der Veränderung*, Fischer, Frankfurt, 1982

Tabscott, Ron, *Die digitale Revolution*, Wiesbaden 1996.

Tracy, Brian, *Das Gewinner-Prinzip. Wege zur persönlichen Spitzenleistung*, Gabler, 1998.

Trömel-Plötz, Senta, *Gewalt durch Sprache*, Frankfurt, 1988.

Trömel-Plötz, Senta, *Frauensprache – Sprache der Veränderung*, Fischer, Frankfurt am Main, 1982.

Ulrich, Peter. *Unternehmensvitalisierung: wachstumsorientierte Innovation – lernende Organisation- wertebasierte Führung*, Stuttgart, 1997.

Ulsamer, Berthold, *Karriere mit Gefühl*, Frankfurt am Main, 1996.

Urban, Dieter, *Chancen für Querdenker. Mit emotionaler Intelligenz (EQ) zur alternativen Problemlösung*, Zürich, 1996.

Vandré, Christel, *Hör nicht auf den Mann im Ohr. Die Maskerade zwischen den Geschlechtern*, Kreuz, Zürich, 1989.

Von Bingen, Hildegard, *Welt und Mensch. Das Buch De operatione Dei*, Salzburg, 1965.

Watzlawick, Paul, *Wie wirklich ist die Wirklichkeit? Wahn, Täuschung, Verstehen*, Piper, München, 1993.

Watzlawick, Paut (et alii), *Menschliche Kommunikation – Formen, Störungen, Paradoxien*, Bern/Göttingen/Toronto/Seattle, 1996.

Weisbach, Christian-Rainer/Dachs, Ursula, *Mehr Erfolg durch Emotionale Intelligenz. Mit Gefühlen gezielt umgehen*, München, 1997.

Wilson Schaef, Anne, *Meditations for Women Who Do Too Much*, Harper, San Francisco, 1990.

White, Kate, *9 Secrets of Women Who Get Everything They Want*, Harmony, New York, 1998.

Wieck, W., *Männer lassen lieben*, Stuttgart, 1987.

Williamson, Marianne, *Die Wiederentdeckung des Weiblichen*, München, Goldmann, 1995.

Wilson, Katharina (Hrsg.), *Medieval Woman Writers*, The University of Georgia Press, Athens, Georgia, 1984.

Wodak, Ruth, *Sprache und Macht – Sprache und Politik*, Wien, 1989.

Winson, Jonathan, *Auf dem Boden der Träume. Die Biologie des Unbewussten*, Beltz, Weinheim, 1986.

Wyse, Lois, *The Six-Figure Woman*, New York, 1983.

Zickendraht, Veronika, *Mach mich glücklich, reich mach ich mich selbst. Erfolgreiche Frauen und Partnerschaft*, Kösel, München 1998.